W0011201

Zu diesem Buch

Im verborgenen ist ein neues Freizeitvergnügen erblüht: das Spiel mit Menschenschatten. Eine Lampe, zwei Bettlaken, ein verdunkelter Raum – und schon kann es losgehen. Ob beim Kindergeburtstag, bei der Schulabschlußfeier, beim Stadtteilfest, im Volkshochschulkurs oder in der Therapie: Das Unwirkliche und Traumhafte des Schattens fasziniert Akteure und Zuschauer. Die Spieler agieren, ohne sich direkt den Blikken des Publikums auszusetzen, sie schlagen ohne Schläge und küssen, ohne die Lippen des anderen zu berühren, kleine Kinder werden zu Schattenriesen, die Büroklammer zu einem bedrohlichen Ungeheuer, ein Stuhl wandert ohne viele Umstände quicklebendig durch das Schattenreich, und plötzlich werden die Schatten farbig: die Tricks der Künstler. Das ist Theater für Einsteiger. Fast über Nacht wurde es zum «Geheimtip». Die Autoren haben sich theoretisch und praktisch angeeignet, was den Schatten und das Spiel mit Menschenschatten seit Jahrtausenden so faszinierend macht. In ihrem Buch erzählen sie aus der spannenden Geschichte des Schattenspiels und zeigen, wie's gemacht wird, geben Tips und Anregungen für dieses zeitgemäße Vergnügen. Im letzten Teil ein Bericht über Erfahrungen mit dem Menschenschattenspiel in der Therapie.

JORGOS CANACAKIS, Jahrgang 1935, Dr. phil., Diplom-Psychologe, frei praktizierender Psychotherapeut in Essen als Lehr-Therapeut bis 1974 Konzert- und Opernsänger, Hochschullehrer an der Universität Essen in den Fachbereichen Humanmedizin sowie Kunsterziehung und Gestaltung (Musik), Mitarbeit am Fritz-Perls-Institut (klinische Musiktherapie, Kunst- und Kreativtherapie und Trauertherapie) gründete die «Trauerseminare Essen» und leitet das internationale Forschungsprojekt «Ganzheitliche Auseinandersetzung mit Krebs».

GERD HAEHNEL, Jahrgang 1955, Lehrer an einer Realschule, studierte Erziehungswissenschaft, Germanistik und Musikpädagogik, aktiv in der Freinet-Bewegung, hält Schattentheater-Kurse (u. a. an der Volkshochschule und in der Lehrerfortbildung).

FLORIAN SÖLL, Jahrgang 1950, nach Studium der Kunstpädagogik und Pädagogik seit 1972 Hauptschullehrer, aktiv in der Bewegung der Freinet-Lehrer.

GEORG SAUERLAND, studierte Fotografie in Dortmund.

Anregungen und Kritik bitte an folgende Adresse: Büro für wissenschaftliche Publizistik Dr. Horst Speichert, Teutonenstr. 32 b, 6200 Wiesbaden.

Jorgos Canacakis, Gerd Haehnel,
Georg Sauerland, Florian Söll

Wir spielen mit unseren Schatten

Vorschläge für Familie, Freizeit, Schule und Therapie

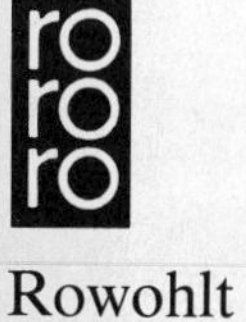

Rowohlt

Applaus: Wir bedanken uns bei allen Schattenspielern (vor allem bei denen aus der Freinet-Bewegung), die geholfen haben, daß dieses Buch zustande kam. Insbesondere danken wir Frau Uli Schnorr und Frau Margarethe Cordes sowie Herrn Alfred Happ. Außerdem Dank an Christiane Barthel. Ohne ihre Hilfe wäre es nie fertig geworden!

Dies ist ein Buch aus dem
Büro für wissenschaftliche Publizistik
Dr. Horst Speichert
Teutonenstr. 32b, 6200 Wiesbaden

Umschlag: Manfred Waller,
unter Verwendung eines Fotos von Georg Sauerland

Bildnachweis: Georg Sauerland, Sten-Axel Kjellgren,
Inge Künkler-Kehr, Int. Inst. f. vergleichende Musikstudien Berlin,
Puppenspielkundliche Archivsammlung Schnorr Lüdenscheid,
Archiv der Autoren

Originalausgabe
Veröffentlicht im Rowohlt Taschenbuch Verlag GmbH,
Reinbek bei Hamburg, Februar 1986

Satz Times (Linotron 202)
Gesamtherstellung Clausen & Bosse, Leck
Printed in Germany
980-ISBN 3 499 17960 1

Inhalt

Teil 2

DIE PRAXIS DES MENSCHENSCHATTENSPIELS: TIPS UND TRICKS 35

Von Florian Söll
Die Teile über Schatten in Farbe und Übungsformen zum Weitermachen stammen von Gerd Haehnel.

Es geht auch in der Natur – die Romantiker nutzten das Sonnenlicht, um im Hain dem Schattenspielvergnügen zu frönen

Teil 1

Mythos, Magie und tiefere Bedeutung: Das Spiel mit Schatten und Schemen

Von Gerd Haehnel

Kapitel 1

Die Schatten der Vergangenheit: Aus der Vorzeit von Schatten- und Menschenschattenspiel

«Die Geschichte des Schattenspiels beginnt ungleich früher als die Geschichte des Theaters. Sie beginnt in dem Augenblick, da der erste Lichtstrahl durch das Urdunkel zuckt und zum erstenmal Licht und Schatten sich als Pole gegenüberstehen. Jahrmillionen lang spielt die Natur für sich allein: mit jeder Wolke, die sich vor die Sonne schiebt, mit jedem Baum, der seine Silhouette auf den Boden zeichnet, mit jedem Blatt, das mit seinem Schatten tänzelt. Eines Tages folgt der Schatten auch dem Menschen, und der Mensch fürchtet sich lange vor ihm. Dann nimmt er Leben und Schatten für eins und bohrt seinen Spieß in den Schatten des Feindes, dem er sonst nichts anhaben kann. Es kommen die großen Umdeutungen: Licht – Leben, Schatten – Tod, Seele – Schatten. Und eines Tages heißt es Diesseits und Jenseits, die Ahnen personifizieren sich im Schatten, und man spricht mit ihnen. Die Furcht vor dem Ungewissen nach dem Tod, der Wunsch, sehnsuchtsvoll hinübergreifen zu können und mit einem Dahingegangenen noch mal Berührung zu finden, und die Gedankenflüge der Dichter, all das hat den Schatten aus seiner physikalisch-optischen Existenz herausgelöst und ihn zur Brücke in andere Bereiche und Dimensionen gemacht. Auf diesem Wege kam es eines Tages dazu, daß sich ein weiser, vielleicht auch nur ein kluger Mensch aus einer Lampe eine Sonne machte und einen transparenten Schirm aufstellte als Grenze zwischen drüben und herüben. Und wie ein Gott hatte er die Figuren in der Hand; sie lebten, solange er sie hielt und bewegte, sie waren tot, als er sie weglegte.» (Krafft in: Hansmann 1964, S. 1)

«... und wie ein Gott hatte er die Figuren in der Hand.»

Schatten und Schattenspiel bedeuten Faszination und Begeisterung – das Eintauchen in eine andere, keinesfalls düstere, sondern aufregende Welt.

Diese Welt fasziniert nicht nur Spieler und Zuschauer, sondern auch Wissenschaftler: genauso bunt, schillernd und farbig wie das Schattenspiel erscheint auch die «Schattenwissenschaft». Sie erforscht die Geschichte des Schattenspiels und kümmert sich um Fragen wie: Wann ist ein Schatten wirklich ein Schatten? Was unterscheidet Schatten, Schemen, Silhouetten, echte und unechte Schatten? Was die freudigen Ereignisse angeht, die zu produzieren wir mit diesem Buch helfen wollen, so unterscheiden die «Schattenwissenschaftler» zwischen Schattenpantomimen, Schattentheater, Schattentanztheater, echtem und unechtem Schattenspiel ...

Keine Angst – damit werden wir Sie, liebe Leserin und lieber Leser, nicht behelligen! Wir wollen ja vor allem mit unseren Schatten spielen und uns nicht mit solchen Problemen quälen. Obschon: ein bißchen in der Geschichte des Schattenspiels herumzuschnüffeln, ist schon ganz reizvoll. Wir, die Autoren dieses Buches, haben dabei eine Menge gelernt.

Ob das Schattenspiel wohl so entstanden ist, wie es in dem Zitat von Ludwig Krafft auf der vorhergehenden Seite beschrieben ist? Wir wissen es nicht! Und vermutlich wird die Wahrheit über dieses Thema tatsächlich nie den Schatten der Vergangenheit entrissen werden. Als gewiß gelten kann hingegen, daß Asien, Nordafrika, der Nahe Osten und Europa jene Gebiete waren, in denen das Schattenspiel sich am meisten entfaltet hat. *

Bei den weitaus meisten Schattenspielen haben in der Geschichte Figurenschattenspiele die Hauptrolle gespielt.

Vom Menschenschattenspiel ist nur wenig überliefert.

Eine getanzte Mischform zwischen Figuren- und Menschenschattenspiel mit dem Namen «Nang Sbek» findet sich in Kambodscha: Hinter einem sechs bis zehn Meter langen und drei Meter hohen Schirm bewegen sich bis zu zehn Tänzer, indem sie gleichzeitig große Schattenfiguren aus Leder in den Händen halten. Auf der Spielwand, die von einem lodernden Feuer erhellt wird, sieht man die Schatten von Tänzern und Figuren.

Ansonsten ist das Menschenschattenspiel wahrscheinlich vorwie-

* Wer mehr über die Geschichte des Schattenspiels erfahren möchte, der findet im Literaturverzeichnis hinreichend Hinweise für entsprechende Lektüre. Wenn Leser auf Literatur stoßen, die nicht in unserem Literaturverzeichnis ist, sind wir für Hinweise sehr dankbar.

Getanztes Schattentheater in Kambodscha

gend in Europa zu finden. Ein Beispiel, von dem wir wissen, reicht in die Zeit Rembrandts zurück.

«Von einem holländischen Maler ist bekannt, daß er das Schattenspiel zum besonderen Studium des Schattens benutzte, und vielleicht ist es kein Zufall, daß es sich dabei um einen Schüler Rembrandts

Im 17. Jahrhundert haben die Maler sich fasziniert mit den Schattenwirkungen befaßt

handelte, dieses großen Meisters des ‹clair obscur›. Sein Name war Samuel van Hoogstraten ... Als er selber ein Meister seines Faches geworden war, ließ er auf einem zur Bühne gerichteten Dachboden in Dordrecht seine Schüler ein Schattenspiel aufführen, um ihnen so die Beziehung zwischen Schatten und Licht begreiflich zu machen ... Das Spiel fand zwischen einer brennenden Kerze und einem Spielschirm aus Papier statt.» (Paerl 1981, S. 44)

Aus derselben Quelle erfahren wir, daß sich das Menschenschattenspiel in jener Zeit auch in Spanien größter Beliebtheit erfreute. Von dort aus wanderte es nach Frankreich, wo das erste uns bekannte Textbuch für das Menschenschattenspiel im Jahre 1767 verlegt wurde. Es trug den Titel «L'heureuse pêche». Gemäß den Anweisungen, die der Verfasser im Vorwort gab, benötigte man damals für das Menschenschattenspiel einen Spielschirm aus geöltem Papier. Zwei aneinandergeheftete Bettücher taten es aber auch. Als Lichtquelle wurden Kerzen benutzt, die im Abstand von etwa zwei Metern hinter dem Bildschirm plaziert wurden. Dazwischen sollten die Spieler im Profil zu sehen sein. Es wurde auf den Umstand aufmerksam gemacht, daß die Spieler kleiner wurden, wenn sie sich dem Bildschirm näherten, und größer, zu regelrechten Riesen, wenn sie nahe an die Lichtquelle gingen. Die Akteure traten von den Seiten auf und ab. Und ein besonderer Clou war der Rat, bei Szenenwechsel die Kerzen direkt vor den Schirm zu stellen. Dann konnte das Publikum nichts mehr von den Vorgängen hinter der Bühne sehen. Die Menschenschattenspiele wurden auch für die Vorführung von Zaubertricks benutzt.

«In ‹L'heureuse pêche› verleiht der Zauberer Elemaliga Colin die Macht, sich unsichtbar zu machen. Er mußte dann nur über eine der Kerzen springen und war verschwunden. Trat er dann wieder vor die Kerze, so war er wieder sichtbar. Durch diesen Trick gelang es Colin, im Stück unbemerkt von anderen zu seiner Liebsten zu kommen. Auch ‹Die Operation› war ein oft gespieltes Stück. Auf einem Tisch und unter einer bis zum Tisch reichenden Decke liegt der Patient. Der Chirurg nähert sich ihm und schneidet seinen Bauch mit einem großen Messer auf. Dann holt er scheinbar aus der Wunde alle möglichen Gegenstände hervor, die in Wahrheit auf dem Tisch hinter dem ‹Patienten› liegen.» (Paerl 1981, S. 59)

Edmund Johannes Lutz berichtet: «Prinz Georg von Meiningen sah ‹Spanische Schatten› in Paris und führte alsbald das Menschenschatten-Spiel am Weimarer Hof ein. Am 28. August 1781 wurde dort zu Goethes Geburtstag das Stück ‹Minervens Geburt› in Anwesenheit des Dichters aufgeführt (ein etwas schwülstiges Machwerk, weshalb der Dichter auch recht einsilbig blieb), am 24. November des gleichen Jahres ging ‹Das Urteil des Midas› hinter der Schattenwand vorüber.» (Lutz 1962, S. 13)

Mit einer gewissen Professionalität scheint das Menschenschattenspiel in der Romantik betrieben worden zu sein. Aus England liegen Berichte vor, nach denen es öfters bei «pantomimes» und in Varieté-Theatern vorgeführt wurde. Und im Londoner Crystal Palace wurden während einer Reihe von Jahren zu Weihnachten regelmäßig Schattenspiele mit Menschen vorgeführt (vgl. Paerl 1981, S. 60).

In Deutschland gibt es Zeugnisse von Menschenschattenspielen aus der Zeit vor und nach dem Ersten Weltkrieg, wobei Possen und Schwänke und häufiger der Doktor Eisenbart von Laientheatern, besonders im Kreis der Jugendbewegung, gespielt wurden (vgl. Lutz 1962, S. 13). Wahrscheinlich aus jener Zeit stammt auch die Veröffentlichung von Bruno Zwiener «Das neue Schattenspiel im Freien», die uns Frau Schnoor von der Puppenspielkundlichen Archivsammlung Schnorr in Lüdenscheid zugänglich gemacht hat, wofür wir uns herzlich bedanken.

Zwiener hatte schon Erfahrungen mit Dias und Diaprojektion. Aber damit war er wegen der Unvollkommenheit der Technik nicht zufrieden. «Bald waren die Projektionsapparate selbst unzulänglich, bald die Diapositive, bald war der Bühnenraum zur Aufprojektion zu klein, bald wieder die Entfernung zu groß.» (Zwiener o. J., S. 13) Ja, er fand, daß dadurch der «so schöne Schattenspielgedanke, an dessen Verwirklichung zumeist alle Spieler mit großem Idealismus gegangen waren, zuweilen empfindlich geschädigt, wenn nicht für alle Zeiten in diesen Kreisen unmöglich gemacht» (Zwiener o. J., S. 13) wurde. Darum hatte er die Idee, die Spielkulisse auf Leinwand zu malen. Und ganz euphorisch beschreibt er die Vorteile seiner Erfindung: «Sie braucht nur im Innenraum oder draußen entrollt zu werden, damit an ihr gespielt werden kann. Nun aber die rechte Lichtquelle, damit schöne tiefe Schatten an die Leinwand oder das Pergamentpapier geworfen werden. Hängt die Spielkulisse im Saal oder in einem großen Zimmer oder nach einem Wandermarsch in der dunklen Scheune, dann stellen wir hinter die Leinwand eine Radfahrlaterne mit starkem Licht oder eine hellbrennende Petroleumlampe mit Spiegel oder eine Karbid- oder Kalklampe. Alle diese Lichtquellen geben ein so helles Licht, daß ohne weitere Hilfsmittel mit ihnen gearbeitet werden kann. Liegt elektrische Leitung im Raum, dann kann man natürlich noch besser mit jeder starkkerzigen Birne arbeiten ...

Ist die Spielkulisse vielleicht an einem warmen Sommerabend am Waldrand zwischen Baumstämmmen aufgespannt und leuchtet zudem noch der Mond, dann können ... alle anderen Lichtquellen ausgeschaltet und Spiele und Tänze nur mit diesem Licht gespielt werden. Soll mit Ausnützung des Sonnenlichts gespielt werden, dann spannen wir das Spielfeld der Sonne entgegen und zeigen dort den Tanz oder das Spiel.» (Zwiener o. J., S. 13/14)

Schattenspieltexte aus jener Zeit sind unter anderem bei Robertus (o. J.) abgedruckt. Humorvolle Handlungen haben dabei offenbar im Vordergrund gestanden.

«Die größten Verdienste um die Verbreitung des Schattenspiels im deutschsprachigen Raum hat sich seit etwa 1925 ohne Zweifel Margarethe Cordes erworben. Unermüdlich wie sonst niemand reiste sie, so weit der deutsche Sprachraum reichte, um in zahllosen Kursen Anleitungen zum Schattenspiel zu geben.» (Happ 1982, S. 59)

Der Name Margarethe Cordes taucht auch nach dem Zweiten Weltkrieg im Zusammenhang mit Artikeln über das Menschenschattenspiel in Zeitschriften, Büchern und Veröffentlichungen von Theaterverlagen auf. Die Texte sind verschiedentlich auf Kritik gestoßen (vgl. Dunkel 1984, S. 168), die umfangreichen Erfahrungen und ihr großes Engagement aber finden allenthalben Beachtung.

Vereinzelte Nachrichten und Artikel über das Menschenschatten-

Im Waldesdunkel macht sich ein Schattenspiel besonders schön. Rasch wurde auch hier an einem windgeschützten Ort die Spielfläche aufgespannt und gespielt

In Erwartung des Spieles. Die Spielleinwand ist mitten auf einer Bergwiese gespannt und bekommt das Licht von der Sonne, die über dem Berge steht

spiel finden sich in periodischen Veröffentlichungen und auch Büchern, regelmäßig in der Zeitschrift *Das Spiel in der Schule*.

Einen besonderen Aufschwung hat das Menschenschattenspiel seit etwa 1980 durch die Freinet-Pädagogik bekommen. Bei vielen Freinet-Pädagogen gehört das Menschenschattenspiel inzwischen fast schon zum ständigen Repertoire. Da hier zahlreiche wichtige Erfahrungen mit diesem Medium gemacht wurden, gehen wir in diesem Buch in einem eigenen Abschnitt darauf ein.

Kapitel 2

Die Bedeutung von Schatten und Schattenspiel*

Der magisch-religiöse Charakter

In fast allen Kulturen, in denen das Schattenspiel von Bedeutung ist, gibt es, wenn auch in unterschiedlicher Ausprägung, Beziehungen zum Magischen und zur Religion.

Der Schatten ist im Glauben vieler Völker Sitz der Seele.

«Die Malaien zum Beispiel scheuen sich, einen Schlafenden plötzlich zu wecken: die Seele, d. h. der Schatten, der vielleicht in fernen Gegenden weilt, könnte nicht schnell genug zurückkehren, der Schlafende sich demzufolge in einen Toten verwandeln.» (Kulessa 1984, S. 10; vgl. auch v. Wilpert 1978)

Deutlich wird diese Verbindung auch, wenn wir mit Max Bührmann den semantischen Aspekt des Wortes «Schattenspieltuch» in unterschiedlichen Kulturen beleuchten. Es bedeutet in: «Arabien: Tuch des Traumes, Hülle des Geheimnisses der Allmacht. China: Tuch des Todes. (Weiß ist in China die Farbe der Trauer.) Java: Nebel und Wolken. Türkei: Vorhang des Aufbruches (der Todesstunde).» (Bührmann 1955, S. 13)

v. Veltheim-Ostrau (S. 101/102) meint: «Die anschauungsarmen Europäer haben nur einen einzigen Begriff für Schatten. Alle noch schauenden, vor allem die sogenannten frühen Völker ... besitzen dagegen mehrere Begriffe und auch mehrere Ausdrücke für die verschiedenen Schatten ... Der Schatten eines Menschen ist dem-

* In diesem Abschnitt geht es durchweg nur um das Figuren- und nicht um das Menschenschattenspiel.

Wayang-Vorstellung auf Java

nach physikalisch sichtbar schwarz und moralisch schaubar farbig.»

Auch uns ist es bei Aufführungen schon geschehen, daß Zuschauer nach einem schwarz-weißen Schattenspiel kamen und sagten, sie hätten die Schatten deutlich farbig gesehen.

Ohne Zweifel finden wir die engste religiöse Verbindung mit dem Schattenspiel in Indien und Indonesien (auf Bali, Java und im westlichen Lombok), wo auch heute noch die magisch-kultische Seite des Schattenspiels eine sehr wichtige Rolle spielt.

Zunächst soll dies am Beispiel des «Wayang Kulit» gezeigt werden, einer Schattenspielart auf der Insel Bali mit bemalten Flachfiguren aus Lederhaut, das dort beliebt und verbreitet ist. Das Schattenspiel stellt für die Balinesen immer auch eine Kontaktaufnahme mit der Götterwelt dar. Häufig liegt der Spielanlaß daher auch darin, sich für bestimmte Situationen des Segens der göttlichen Ahnen zu versichern, die sich in den Schattenspielfiguren manifestieren. So geschieht dies etwa bei Hochzeiten, bei einer Erstschwangerschaft, beim Bau eines Hauses, bei der Leichenverbrennung, bei Dorffesten. Man spielt oft nächtelang Heldenepen, weil man der Ansicht ist, daß die Götter günstig gestimmt werden, wenn man sie an gleiche Situationen aus ihrem Leben erinnert. Auch das Andenken an die Verstorbenen wird so wachgehalten.

Die Ehrfurcht vor dem Schatten ist so groß, daß nur besonders intensiv ausgebildete «Schattenspielmeister» sie erscheinen lassen dürfen. Diese heißen «Dalang». Sie haben dabei priesterliche Funktionen, und ihr Ansehen in der Dorfgemeinschaft ist entsprechend hoch. Nur sie können die Götter sehen, können zwischen Menschen- und Götterwelt vermitteln, können letztere durch das Schattenspiel für alle sichtbar werden lassen. In für unsere Lebensart kaum vorstellbarer Weise werden die Schattenerscheinungen, die Helden, Dämonen und Götter für die Zuschauer real, «nicht weniger real als die Menschen, die ihnen gerade gegenübersitzen, vielleicht sogar – wenn das überhaupt noch möglich ist – noch ein bißchen realer.» (Spitzing 1981, S. 12)

Günter Spitzing berichtet, daß im Bereich der «Schattenwelt» in Indonesien die Leinwand für den Schattenspieler das All bedeutet die Lampe, oft in Gestalt eines Göttervogels, die Sonne; der Bananenstamm, in den die Figuren während des Spiels gesteckt werden, die Erde. In diesem Makrokosmos wird der Dalang «so groß und göttlich, daß seine Gestalt das gesamte All umfaßt. Auf mystische Weise werden seine Finger zu den Stäben, die die Figuren führen, und gleichzeitig zu den göttlichen Kräften, die die Menschen leiten.» (Spitzing 1981, S. 53)

Hierzu ist es erforderlich, daß der Dalang während des Spiels zahlreiche, für die Zuschauer meist unsichtbare Riten und Opfer vollzieht.

Die magische Wirkung des Schattens kommt besonders in einem Schattenspiel, mit dem böse Mächte gebannt werden sollen, zum Ausdruck. Es wird nur selten und nur von Dalangs mit besonderen magischen Kräften vorgeführt, denn beim Spiel droht dem Priester der Tod. «Zu den verheerenden Folgen ... gehören Trance-Zustände des Dalang, der dabei bestimmte Dorfbewohner oder Häuser als verhext bezeichnet. Auch Zuschauer sind vor Trancen nicht sicher, die bis zu Amokläufen führen können.» (Wilpert 1973, S. 26/27)

Es gehört dort zum Ritual des Schattenspiels, daß zu Beginn der «Gunungan», der javanische Lebensbaum, gezeigt wird. Spitzing (1981, S. 171) schreibt darüber: «In der unteren Mitte des nicht ganz symmetrischen Gunungan befindet sich ein tempeltorähnliches Portal, flankiert von zwei bewaffneten Wächterfiguren. Wohin führt es, in einen heiligen Raum mystischer Versenkung? In jenseitige Glückseligkeit?»

Peter F. Dunkel (1984, S. 87) berichtet aus Thailand von Schattenspielen, «die einen wesentlichen Bestandteil der Bestattungsfeierlichkeiten bildeten.» Clara B. Wilpert schreibt in einem Text, der anläßlich einer Sonderausstellung «Schattentheater Asiens» herausgegeben wurde: «... der Schatten hält das Gleichgewicht zwischen den lebenden und toten Mitgliedern der Gesellschaft, denn er ist Abbild und Symbol beider. Die Lebenden halten das Gedenken an die Verstorbenen wach, indem sie ihre Schatten bewegen, die Toten schützen die Lebenden durch ihre Schattenbilder.» (Wilpert 1973, S. 9)

Auch die Entstehungslegenden zum Schattenspiel zeigen auffällige Verbindungen zu dieser Thematik.

In *China* erzählt man sich, daß dem Kaiser Wu (121 v. Chr.) die Lieblingsfrau gestorben war. Er kam nicht über ihren Tod hinweg. Da fand sich ein Magier, der dem Kaiser auf einem Tuch den Schatten seiner Frau täuschend echt nachbildete und ihn so von seinem Schmerz befreite.

Ähnliches berichtet man aus der *Türkei*, wo während der Zeit des Sultans Orhan (1326–1359) der Bau einer Moschee durch zwei Arbeiter, Karagöz und Hacivad, behindert wurde, die andauernd Witze und Späße machten. Zur Strafe ließ der Sultan die beiden köpfen, bereute seine Tat aber schon bald. Ein persischer Derwisch tröstete ihn, indem er die beiden Toten hinter einer Schattenspielwand wieder lebendig werden und ihre lustigen Streiche wiederholen ließ. Die beiden Figuren sind noch heute die wichtigsten Protagonisten im türkischen Schattenspiel.

In beiden Fällen finden sich also Momente der Trauerverarbeitung, die sich allerdings nicht in den daraus entstandenen Schattenspielen widerspiegeln.

Auch bei uns in Europa finden sich zahlreiche Hinweise auf eine Verbindung von Schatten und Tod:

«Die ... Vorstellung des Volksglaubens, daß der fehlende Schatten den bevorstehenden Tod ankündigt und daß eine ‹Schattenprobe› an bestimmten Tagen oder Nächten die Lebenserwartung ermitteln lasse, ist für ganz Mitteleuropa im weitesten Sinn belegt. Der vorhandene Schatten gilt als Zeichen der Lebenskraft, sein Fehlen als Schwächung, Krankheit, Tod.» (v. Wilpert 1978, S. 81) Man spricht vom «Reich der Schatten» und vom «Schatten des Todes». (s. a. Kulessa 1984)

Zahlreiche Beispiele aus der Literatur verweisen ebenso auf diesen

Zusammenhang. Guillaume Apollinaire z. B. verarbeitet in seiner Erzählung «Der verlorene Schatten» jüdische Vorstellungen: «... sagte Bakar, ‹ich fühle mich nicht besonders wohl. Bevor Sie gehen, leihen Sie mir doch Ihren Schatten ... Ich kenne mich in der Skiomancie oder Schattendeutung ein wenig aus ... Denn es wird Ihnen nicht unbekannt sein, daß gemäß unserm untrüglichen Glauben der Schatten den Körper dreißig Tage, bevor er stirbt, verläßt.›» (zit. n. Kulessa 1984, S. 196/7) Auch Edgar Allan Poes «Schatten» ist ein Symbol für den Tod: «Und seht! Aus jenen düsteren Draperien, in denen die Töne des Liedes verschwunden waren, kam ein dunkler, undeutlicher Schatten hervor ... doch war es nicht der Schatten eines Menschen und nicht der eines Gottes, noch eines bekannten Dinges ... Und endlich sprach ich ... und fragte den Schatten nach seiner Heimat und nach seinem Namen ... Und da fuhren wir, die Sieben, voll Schreck von unseren Sitzen auf und standen schaudernd. Denn die Stimme des Schattens war nicht die Stimme *eines* Wesens, sondern die Stimme *vieler,* und ihr Tonfall, der von Silbe zu Silbe wechselte, schlug düster an unser Ohr mit einem Stimmklang, den wir wohl kannten – mit dem Stimmklang von vielen Tausend abgeschiedenen Freunden.» (zit. nach Kulessa 1984, S. 157/8)

Sieht man einmal von der freundlichen Kühle ab, die Schatten an heißen Sommertagen spendet, so bedeutet Schatten in unserer Kultur fast immer etwas Bedrohliches und oft auch Gefährliches.

In unseren Seminaren nutzen Kinder immer wieder, manchmal auch Erwachsene, das Spiel mit dem Schatten dazu, Todes- und Mordszenen darzustellen. Dabei mag diese, zum Teil nicht immer bewußte Bedeutung des Schattens ihre Rolle spielen. Die Schatten und die Bereiche des Todes haben sich in Asien wie in Europa miteinander verwoben. Aber dennoch gibt es sehr große Unterschiede. In Asien geht man mit dem Sterben auf ganz andere Art um als bei uns. Die Begräbnisse sind «in China, Indien und auf Bali so überaus farbenfreudig, während beim ‹aufgeklärten› Europäer das Dunkle, das Schwarze, das Farblose nicht nur Todesfarbe, sondern auch Abbild seines lichtlosen Nichtwissens über das Wesen der Finsternis und des Lichtes, des Todes und des Lebens ist.» (v. Veltheim-Ostrau, S. 103/104)

Ist unser Umgang mit dem Jenseits, dem Tod und der Trauer nicht der letzte Grund dafür, daß das Schattenspiel in Europa überwiegend Unterhaltungscharakter behielt?

Das lenkt unseren Blick auf das größere Umfeld dieses Problems. In unserer Welt ist der Tod aus dem Leben verbannt, ausgetrieben. Das Bedürfnis nach Illusion wird immer größer, und damit geht einher, daß wir alles Jenseitige verdrängen – so werden wir unfähig, uns mit dem Tod auseinanderzusetzen und zu trauern. Sind es nicht diese Tatsachen, die unser Dasein bestimmen und auch das «Schicksal der Erde», wie Jonathan Schell ein beeindruckendes Buch über die Gefahren und Folgen eines Atomkrieges genannt hat?

Wir wollen in diesem Buch zeigen, daß es gar nicht schwer ist, auch farbige Schatten zu erzeugen.

Zwischen Kunst und Unterhaltung

In China brachte es die Schattenspielkunst zu faszinierenden Ergebnissen. Gespielt wurden Mythen und Legenden, aber auch Stücke mit heiterem Inhalt. Wie die Tournee des Beijing Shadow Play Art Theatre of China im Jahre 1983 auch bei uns im Westen gezeigt hat, scheint das Schattenspiel in China neu aufzuleben.

Das «Karagöz-Schattenspiel» aus der Türkei gab und gibt es in ähnlicher Form im gesamten vorderen Orient (Persien, Griechenland, Ägypten). Die beiden schon erwähnten Spaßmacher Karagöz und Hacivad unterhalten die Zuschauer mit komischen Späßen und frivolen Zoten. Es gibt zwar heute dort nur noch wenige Schattenspieler, aber es zeigen sich auch hier Tendenzen einer Renaissance (Bobber 1983, S. 19).

In Europa dominierte der Jahrmarktcharakter. So gab es Handschattenbilder, Schattenspielmaschinen, die Laterna magica, geheimnisvolle Gruselbilder usw. Aber es gab auch Aufführungen auf sehr hohem Niveau, etwa im Paris des 19. Jahrhunderts im «Le Chat Noir» auf dem Montmartre. Auch das Schattenspiel der deutschen Romantik war mehr als Unterhaltung: «Es wurde zur Ausdrucksform für Maler, Zeichner und Dichter.» (Paerl 1981, S. 64) *

* Wer sich für die Schattenspielkunst in unserem Jahrhundert interessiert, findet entsprechende Literatur im Anhang.

Günter Kunert
Der Schatten

In Hiroshima zeigt man einen Brückenbogen,
Daran der Schatten eines Menschen ist.
Der diesen Schatten warf, der fehlt, und wißt:
Seitdem die Überbombe kam geflogen.

Sie barst. Und einer Sonne Hitzewogen
Verdampften jenen schnell und ohne Frist
Für Abschiedsworte, die die Welt vergißt,
Und von ihm blieb, was in den Stein gezogen.

Doch wer der Unbekannte einmal war,
Weiß keiner, denn in seiner Todesstunde
Starb ebenfalls die Stadt mit Haut und Haar.

Daß nicht gleich ihm wir gehen so zugrunde,
Spricht uns sein stummer Schatten von Gefahr:
Wir sind das Fleisch. Er ist die offne Wunde.

Aus: Günter Kunert, Erinnerung an einen Planeten,
Carl Hanser Verlag. München, Wien

Schattenspiel und Politik

So wie das Schattenspiel für triviale und künstlerische Möglichkeiten genutzt werden kann, gibt es auch von Versuchen zu berichten, es für politische Indoktrination oder pädagogische Aktion zu benutzen.

So dienten die Stücke der türkischen Karagöz-Spieler bis zu Beginn unseres Jahrhunderts teilweise dazu, durch politische Anspielungen die Obrigkeit anzugreifen, was zu Zensurmaßnahmen führte.

Aziz Nesin, ein bekannter zeitgenössischer satirischer Schriftsteller der Türkei, knüpft an diese Schattenspieltradition an, die Karagöz als Ausdrucksform politischer Kritik nutzte, und zwar in seinem Stück «Ein Schiff namens Demokratie» (vgl. Bobber 1983, S. 70).

Daß der griechische Karagiozis eine ähnliche Funktion hatte und hat, erfahren wir aus dem Bericht von Jorgos Canacakis (S. 133) in diesem Buch. Wie Bobber (1983, S. 113) mitteilt, wurde das Schattenspiel in Griechenland unter der Militärdiktatur in den 60er und 70er Jahren zur Kritik der repressiven politischen Verhältnisse benutzt. Dabei fielen zahlreiche Stücke der Zensur zum Opfer.

In China finden sich heute Schattenspielstücke mit sozial-revolutionärem Inhalt.

Auf Java haben Missionare versucht, das Schattenspiel für ihre christliche Verkündigung einzusetzen – allerdings anscheinend ohne überzeugenden Erfolg. (Missionsprokur 1982, S. 18)

Und aus Indonesien wird berichtet, daß das Schattenspiel benutzt wird, um über die Möglichkeiten der Familienplanung zu informieren.

In Deutschland haben besonders die Nazis versucht, die Faszination des Schattenspiels für ihre Propaganda zu nutzen. So hat der damals als Autor des Systems brillierende Hans Baumann («Wenn die morschen Knochen brechen ...») sich mit einer «Schneiderkomödie für das Schattenspiel» versucht. Die Spiele durften in «geschlossenem Kreise der HJ, des BDM und des DJ» (Bauman 1934) honorarfrei gespielt werden. In den «Werkbüchern für deutsche Geselligkeit» erschien 1935 als Band 2 «Das Schattenspiel» von Heinz Ohlendorf bei Voggenreiter, Potsdam. Immerhin wurde 1939 eine zweite Auflage nötig.

Im Vorwort zur 2. Auflage schrieb Heinz Ohlendorf u. a. davon, daß das Schattenspiel in den Lehrplan der Staatlichen Hochschule für Musikerziehung aufgenommen worden war, und fährt fort: «In vielen Lehrgängen der Hitler-Jugend und des Schulungsamtes der Hochschule wurde es seitdem gelehrt. Und von hier aus ist im Laufe der

Als Napoleon in der Verbannung lebte, diente der Schatten dieses an sich harmlos aussehenden Stockknaufs der Verständigung zwischen seinen Anhängern: gegen das Licht gehalten, zeigte der Schatten die Silhouette des Verbannten.

letzten Jahre ein weiter Kreis erfaßt worden. Aus allen Teilen des Reiches bekomme ich immer wieder Berichte und Bilder.» (Ohlendorf 1939, S. 4)

Das Schattenspiel ist – das zeigt dieser kurze Überblick deutlich – für die verschiedensten Zwecke dienstbar gemacht worden.

Kapitel 3

Theorie und Praxis

Die Wirkungen des Schattenspiels

Der bekannte Schattenspieler Max Bührmann berichtet: «... bei einem Gastspiel fragte mich die Gattin eines bekannten ausländischen Diplomaten: ‹Wie haben Sie Regen gemacht?› – ‹Regen?› Wir hatten doch keinen Regen gemacht!

‹Aber ich habe Regen gesehen!›

Nun, ich war zu höflich zu widersprechen; allerdings, wir hatten vom Regen gesprochen, und die Figuren hatten diese Aussage durch ausdrückliche Gesten unterstrichen.

Madame hatte Regen gesehen: wir hatten also doch ‹Regen gemacht›!» (Bührmann 1955, S. 12/13)

Von dem Eindruck des Menschenschattenspiels ist immer wieder Ähnliches zu lesen: «Wer jemals der Aufführung eines Menschenschattenspieles beigewohnt hat, wird überrascht von der seltsamen Faszination, die von dem lebenden Schatten ausgeht. Die Schattengestalten, die lautlos und schwerelos durch das Lichtfeld gleiten, fangen die Augen der Zuschauer mit geradezu magischer Kraft ein. ... Kein Wunder, daß viele Besucher nach dem Schattenspiel eine tiefe innere Bewegung und Beglückung empfinden.» (Krantz 1982, S. 14)

Man mag zunächst lächeln, wenn man solche oder ähnliche enthusiastische Schilderungen über die Wirkungen des Schattenspieles liest, die sich in der Literatur sehr häufig finden. Wenn man allerdings seine eigenen Erfahrungen mit dem Schattenspiel macht, zeigt sich, daß die Wirkung der Aufführungen mit anderen Darbietungen kaum vergleichbar und auch nur sehr schwer zu beschreiben ist.

Fast nach jeder Aufführung werden wir von Zuschauern angesprochen, die über starke Emotionen (wie Weinen, Freude, Trauer) berichten, welche das Spiel bei ihnen ausgelöst hat.

So berichtete uns einmal eine Frau nach einer Vorstellung, daß sie Schatten aus ihrer, sie immer noch sehr belastenden Vergangenheit gesehen habe. Sie kam dann erneut zu einer Aufführung, und danach erfuhren wir von ihr: «Ich mußte wieder sehr weinen, aber diesmal war es anders: Auf einmal waren so viele Schatten verschwunden, und eine leuchtende Klarheit umgab die Geburt einer hoffnungsvollen Blume. Ganz wunderschön!»

Dieses Erlebnis sei schließlich mit dafür ausschlaggebend gewesen, daß sie ihre Träume und Phantasie zurückerhalten habe.

Es gibt keine systematischen Untersuchungen über die Wirkungen des Schattenspieles. Die folgenden Überlegungen beruhen auf unseren Erfahrungen und unseren Lesefrüchten.

Die meisten Zuschauer reagieren auf das Schattenspiel *sehr intensiv.* Die spezifische Wirkung des Schattenspiels ist vielleicht am ehesten mit der der Musik zu vergleichen.

Die Phantasietätigkeit des Zuschauers wird sehr stark angeregt, denn der Schatten deutet eine mögliche Wirklichkeit nur an. Als Grund hierfür wird häufig die Zweidimensionalität des Schattenspiels genannt: «Gerade die Reduzierung von der Perspektive auf die Fläche, die Reduzierung von der Wahrnehmung der ganzen Person auf die schmale Linie seiner Silhouette fordert, weil sie so viel von der Persönlichkeit des Darstellers verbirgt, die Imaginationskraft des Zuschauers heraus.» (Krantz 1982, S. 14) Auch spielt dabei gewiß eine Rolle, daß beim Schatten nur Konturen und keine Details innerhalb der Form zu erkennen sind.

Dabei scheint die Intensität der Phantasietätigkeit nicht mit der Zahl von Effekten zuzunehmen, im Gegenteil: Unsere Erfahrungen zeigen in Übereinstimmung mit zahlreichen Ratschlägen aus der Literatur, daß man höchste Intensität durch relativ einfache Mittel erreicht.

Gewiß spielt auch der starke Kontrast zwischen der Helligkeit auf der Bühne und der Dunkelheit im Zuschauerraum für die Wirkung eine nicht unerhebliche Rolle.

Über die Wirkungsintensität hinaus muß noch zweierlei festgehalten werden:

1. Durch das Schattenspiel kommen viele Zuschauer in Kontakt mit *unbewußten Schichten* ihrer Persönlichkeit, die sonst nur sehr schwer anzusprechen sind, ein Thema, welches Jorgos Canacakis in diesem Buch (s. S. 130) noch ausführlich behandeln wird.

2. Das Schattenspiel bringt viele Zuschauer fast automatisch in

eine *sehr aktive, produktive Rezeptionshaltung*. Es bringt den Zuschauer «zu höchster innerer Subjektivität» (v. Veltheim-Ostrau 1955, S. 94), was sich häufig durch eine starke Lust ausdrückt, anschließend *selber aktiv* zu werden. Gerade im Zeitalter der so attraktiven Massenmedien eröffnen sich hier ganz wichtige Möglichkeiten, denn wo sonst findet sich ein Medium, das mit so einfachen Mitteln eine so attraktive und produktive Wirkung erzeugt?

Schattenpädagogik

Die Faszination von Schatten- und Menschenschattenspiel hat wohl dazu geführt, daß mittlerweile eine Fülle von Veröffentlichungen vorliegt, die mehr oder weniger brauchbare Hinweise für eine Verwendung dieses Mediums in der Pädagogik enthalten, allerdings mit den unterschiedlichsten Zielsetzungen. Es soll an dieser Stelle nicht näher auf die einzelnen Autoren eingegangen werden. Festhalten aber wollen wir, daß unserer Ansicht nach das Schattenspiel allgemein und besonders auch das Menschenschattenspiel nicht schon bestimmte Inhalte, wie etwa märchenhafte Stoffe, und auch nicht bestimmte Verhaltensweisen fordert. Im Gegenteil, es handelt sich hierbei um ein sehr offenes Medium, was ja die Vereinnahmung durch die unterschiedlichsten ideologischen Richtungen verdeutlicht hat. Auch uns fasziniert das Mystische und Magische dieses Mediums. Aber gerade deshalb ist es unserer Meinung nach erforderlich, sich genau zu überlegen, was man mit einem pädagogischen Einsatz erreichen will. Und diese Überlegungen sind keineswegs durch das Medium vorgegeben, sondern es handelt sich dabei wie bei jedem anderen Medium um didaktische Vorgaben von seiten des Pädagogen. Um es überspitzt zu formulieren: Man kann das Menschenschattenspiel einsetzen, um Unterordnung zu vermitteln, aber man kann es auch dazu einsetzen, um zu einer Befreiung und Emanzipation des Kindes beizutragen.

Im weiteren Verlauf sollen *unsere* Vorstellungen vom Menschenschattenspiel und von dem, was wir damit erreichen wollen, dargelegt werden.

Abschließend sei noch auf eine neue pädagogische Zielsetzung des Figurenschattenspiels hingewiesen, die zwar nicht zum Thema unseres Buches gehört, uns aber trotzdem sehr wichtig erscheint: Immer häufiger finden sich Anregungen, das türkische Schattentheater Karagöz für die pädagogische Arbeit mit ausländischen Jugendlichen zu nutzen. Anregungen hierfür finden sich etwa bei Hans-Leo Bobber und Ilse v. Heyst.

Das Schattenspiel in Familie und Freizeit

Wir wollen hier nicht zum xten Male das Klagelied über den Verfall der Spielkultur in Familie und Freizeit anstimmen, wie er in zahlreichen Büchern und Zeitungsartikeln kritisiert wird: als Folge der Vermarktung der Freizeit, der Verkleinerung der Kleinfamilie auf die Kleinstfamilie, des Wohnens in Beton-Silos. Die Betroffenheit über Video-Intensivkonsum und Computerspiele ist für unseren Geschmack schon zu breitgetreten, weil bei allem Gejammer über diese Umstände immer wieder vergessen wird, daß diese Bedingungen von Erwachsenen (zum Teil systematisch) geschaffen werden und wurden.

Unsere Erfahrungen mit Kindern und Jugendlichen zeigen, daß sorgenvolles Gerede wenig bewirkt, konkrete Vorschläge und Beispiele für Spiele und «action» dagegen sind beliebt und gefragt.

Nur selten bleibt man beim Spielen für sich. Meistens spielt man miteinander – gleichgültig ob es sich um Karten-, Würfel-, Brett- oder sportliche Spiele handelt. Auch Schattenspiele und Schattentheater sind Spiele mit-, für- und voreinander.

Abgesehen von «unfreiwilligen» Auftritten, wie zum Beispiel Wutausbrüchen, sind die Auftritte in der Familie in der Regel verbunden mit traditionellen Anläßen, mit Geburts- und Namenstagen, Hochzeiten und Taufen, Nikolaus- und Weihnachtsfeiern, Karneval und Ostern. Und nicht jedem sind die Auftritte bei diesen Anlässen in positiver Erinnerung. Nicht selten herrschte und herrscht gezwungene Atmosphäre, biedermeierlich verordnete Fröhlichkeit oder einstudierte Sentimentalität. Andererseits sind zum Beispiel das Lampenfieber vor einem Auftritt und das «Sich-Freispielen» (besonders, wenn der Zuschauer nur den eigenen Schatten sieht) eine wichtige Erfahrung für jeden Menschen. Und jeder «Auftritt» bietet die Chance, den anderen oder sich selbst in einer besonderen Situation zu erleben. Wir möchten mit diesem Buch dazu beitragen, daß das

Schattenspiel als eine besonders geeignete Form zur Überwindung von Krampf und Gezwungenheit beim Feiern und Spielen in Familie und Freizeit verbreitet wird – als Beitrag zur Entwicklung von Fingerspitzengefühl, Sensibilität und Lockerheit.

Zu den traditionellen Feieranlässen kommen in letzter Zeit mehr und mehr Feste aus anderen Gründen: Haus- und Straßenfeste, Informationsfeten von Bürgerinitiativen, Feiern von Gruppen und Vereinen. Gerade für solche Gelegenheiten ist das Schattenspiel ein geeignetes Medium, da es wenig organisatorische Vorbereitungen benötigt, jeder leicht mitmachen kann und man schnell zu beeindruckenden Ergebnissen kommt.

Teil 2

Die Praxis des Menschenschattenspiels: Tips und Tricks

Von Florian Söll
Die Teile über Schatten in Farbe und Übungsformen zum Weitermachen stammen von Gerd Haehnel

Kapitel 4

Dramaturgie und Technik

Gespräch einiger Theaterschatten – ein (un)heimlicher Blick hinter die Kulissen

Bei folgendem handelt es sich um die Aufzeichnung eines Gesprächs einiger Theaterschatten nach einer Aufführung, welches mit Hilfe eines versteckten Parapsycho-Tonbandes aufgenommen wurde. Die beteiligten Schatten sind: Jean-Ombre, John McShadow, Schattenfried und Luigi Ombra.

Während der Unterhaltung leuchtete geduldig die Lampe des Projektors. Das Publikum war bereits gegangen, und so unterhielt man sich recht zwanglos.

Jean-Ombre (erregt): McShadow, du gehst mir mächtig auf die Nerven! Du nimmst mir oft das nötige Licht. Dadurch, daß dein Schattenspender immer etwas näher am Projektor herumturnt, bekommt mein Schattenspender Probleme.

John McShadow: Ist doch keine Absicht!

Schattenfried: Ich finde, du nimmst nicht nur Jean-Ombre seine Möglichkeiten, du wirkst auch noch besonders aufgeblasen, weil du dich stets in der Nähe der Lichtquelle herumtreibst.

John McShadow: Entschuldigung! Wenn mein Typ mich nicht beachtet, dann kann das aber auch leicht passieren. Denn, obwohl die Schauspieler auf der Spielfläche meterweit voneinander entfernt stehen, auf der Projektionsfläche sind wir übereinander. Also das Publikum wird da ganz schön an der Nase herumgeführt. Zwischen Lichtquelle und Projektionsfläche gibt es hinten und vorne, bei der Projektion auf der Leinwand nur noch rechts und links, oben und unten.

Jean-Ombre: Von wegen übereinander ... du löschst mich quasi!

Schattenfried: Ein Trost bleibt, je weiter der Schattenspender vom Projektionstuch weg ist, desto blasser und unschärfer wirkt das Ganze.

Luigi Ombra: Klar, weil ja auch jede Menge Licht aus dem Raum sich über uns hermacht.

Schattenfried: Und wirklich punktförmig ist keine Lichtquelle.

Der Projektor flackerte bei diesem Gemecker bedrohlich. Die Schatten zitterten ängstlich. Zögernd ging das Gespräch weiter.

John McShadow: Mich ärgert viel mehr, daß ich praktisch wie eine Schleppe an meinem Typ hänge. Einfach kein Eigenleben – elendes Schattendasein!

Luigi Ombra: Darüber kann man tatsächlich trübsinnig werden.

Schattenfried: Wir sind eben NICHTS!

Jean-Ombre: Nun ja, normalerweise mag das ja zutreffen, aber als Theaterschatten hat man doch seine BEDEUTUNG!

John McShadow: Allein schon durch unsere Ähnlichkeit.

Schattenfried: So weit ist es damit auch nicht her: Jedes, fast jedes Foto ist da besser.

Jean-Ombre: Aber dafür kann uns jeder mühelos erzeugen! Etwas zielgerichtetes Licht, jemand stellt sich in Positur, eine Projektionsfläche – fertig!

John McShadow: Deswegen haben wohl auch die Kinder so viel Spaß an uns. Da ist kein langes Lernprogramm zu absolvieren, da kann jeder gleich zur Sache.

Schattenfried: Wenn du aber durch Tricks und Figuren erzeugt wirst, dann steckt doch jede Menge Übung dahinter. Denk doch mal an das Spiel mit Handschatten, wo dann Hasen mit den Ohren wakkeln, die in Wirklichkeit nur Finger sind. Oder die ganzen Schattenfiguren, wer die bedienen will ....

Jean-Ombre: Wir sind hier aber beim Schattentheater mit Menschen.

Schattenfried: Da muß dein Schattenspender aufpassen, daß er sich von seiner günstigen Seite bestrahlen läßt, sonst siehst du fürs Publikum wie ein Gorilla aus.

Jean-Ombre: Das find ich ja so affenstark. Dem Publikum können wir leicht was vortäuschen. Jede Pappnase wirft einen ebensoguten Schatten wie eine echte. Und der Mörder braucht zum Glück sein Messer nur neben dem Schattenspender in die Luft zu stoßen und das Opfer nur genügend aufzuschreien, und die Gänsehaut beim Publikum ist perfekt.

Luigi Ombra: Stimmt, mit dem entsprechenden Sound und bei der richtigen Musik könnte man fast vergessen, daß man nur ein Schatten seiner selbst ist.

Schattenfried (nachdenklich): Obwohl ... der Schatten des Messers des Mörders dringt ja gar nicht in den Schatten des Opfers ein! ...

Jean-Ombre: Da machen sich wohl die Hirne der Zuschauer den Rest zurecht. So gesehen wirken wir richtig phantasieanregend – gerade WEGEN unserer Unzulänglichkeiten!

John McShadow: Die Phantasie der Zuschauer ist wirklich unsere Rettung. Wenn ich bedenke, wie verzerrt ich bisweilen aussehe.

Da brannte der Lampe bei dem ewigen Getue der Schatten der Glühfaden durch.

– Licht aus –

Die Schauspieler standen auf. Drei von ihnen waren Frauen. Ihnen ging die Frage durch den Kopf, ob ihre Schatten nun männlich oder weiblich sind. Heißt es doch DER Schatten! Überhaupt war dieses Doppelleben ganz schön anstrengend gewesen. Aber Spaß hatte es gemacht.

Die vier Schatten waren wie weggeblasen. Keine Spur hinterließen sie auf dem Projektionstuch. Da hat es ein Bikini besser. Er hinterläßt an einem Sommertag klare Spuren auf der Haut. Die Projektionsfläche hing schlapp und langweilte sich. Aber in den Köpfen der Zuschauer trieben die Schatten noch lange ihr Unwesen, sie haben also doch Wirkung gezeigt und Spuren hinterlassen.

Der Unterschied zum Theater

1. Akteure und Publikum sind voneinander getrennt

Die Projektionsfläche schafft eine deutliche Trennung zwischen dem Aktionsbereich der Schauspieler und dem Ort der Zuschauer. Während der Schauspieler im Theater unmittelbaren Kontakt zum Zuschauer aufnehmen kann, gibt es hier nur eine vermittelte Beziehung. Viele Spieler empfinden die Projektionsfläche als Schutz.

Die Organisation des Spiels bleibt dem Zuschauer verborgen. So wie der Zuschauer nicht den Spieler selbst, sondern nur dessen Schatten sieht, tritt der Spieler nicht selbst auf, sondern zeigt «nur» seinen Schatten. Hier liegt die spezifische Chance des Menschenschattenspiels. Zwar ist es auch beim Theater schon so, daß der Zuschauer sich nicht über den Spieler, sondern das erregt, was er darstellt. Hier ist es aber noch deutlicher. Die Zuschauer reagieren auf den Schatten, den der Akteur BILDET. Viel bewußter als im Theater wird hier dem jungen Akteur, daß er ein BILD SCHAFFT. Was er vorspielt, ist deutlich von ihm getrennt. Dennoch gibt es auch beim Menschenschattenspiel Hemmungen. Diese Ängste können aber mit einigem Geschick eher überwunden werden. Dabei kommen die Chancen dieser Spielsituation deutlich zum Tragen.

2. Personen und Objekte sind verfremdet

Die Schatten bedeuten in erster Linie den Verlust an Räumlichkeit.

Auf der Projektionsfläche gibt es oben und unten, rechts und links, kein Hinten und kein Vorn. Diesen Umstand beschreiben manche Autoren, die sich mit dem Schattenspiel beschäftigen, als «Abstraktion». Wir würden diesen Effekt lieber als Reduktion (von lat. reducere = zurückführen) bezeichnen. Auf jeden Fall stellt dieser Effekt eine Verfremdung unserer üblichen Wahrnehmung dar. Außer der Reduktion auf Flächigkeit tritt ein Verlust der normalen Farbigkeit des Objektes ein. In dieser Reduktion ist eine der spezifischen Möglichkeiten des Schattenspiels enthalten: Sie eröffnet der Phantasie ihre Spielräume. In Verbindung mit anderen Gestaltungsmitteln, wie verschiedenen Lichteffekten, Geräuschen, Musik und Sprache, können die in dieser Offenheit enthaltenen Möglichkeiten in allen möglichen Richtungen gelernt werden. In den Köpfen der Zuschauer bilden Gesehenes und Gehörtes neue Zusammenhänge. Dabei spielt die Gestaltung des Lichts, das die Schatten wirft, eine wichtige Rolle.

Sowohl bei Akteuren wie Betrachtern stimuliert also die Reduktion auf den Schatten die ergänzende Gestaltung und Wahrnehmung. Das Schattenspiel läßt also in der Regel den individuellen Möglichkeiten der Wahrnehmung des Zuschauers mehr Raum – und wirkt in diesem Sinne anregender – als das eindeutigere Theater.

3. Die Spielsituation ist offen und begrenzt zugleich

Das Licht, die Gesetzmäßigkeit seiner Ausbreitung, die schattenspendenden Objekte und die Gesetzmäßigkeit ihrer Abbildung, sowie die Begrenztheit der Projektionsfläche bilden den *Zusammenhang,* in dem sich das Schattenspiel zu bewegen hat. Es bieten sich also Gestaltungsformen an, die den dadurch gegebenen Erfordernissen entsprechen.

Die typischen Gesetzmäßigkeiten dieser Spielform wollen zwar bedacht werden, müssen aber nicht zur Festlegung führen. Denn das Schattenspiel interessiert uns gerade *wegen* seiner vielfältigen Gestaltungsmöglichkeiten. Unser Wahlspruch ist: «Anything goes».

Die technischen Grundlagen

Das folgende Kapitel gibt einen systematischen Überblick über die Zusammenhänge von Licht, schattenspendendem Objekt und Projektion. Es enthält viele praktische Hinweise für die Vorbereitung und fürs Spielen. Es zeigt zugleich andeutungsweise die Fülle der Ausdrucksmöglichkeiten auf.

Es werde Licht

Jede Lichtquelle ist für das Schattenspiel geeignet, z.B. Kerze, Streichholz, Feuerzeug*, Taschenlampe, Glühbirne, Blitzlicht, Stroboskop, Filmleuchte, Scheinwerfer, Diaprojektor, Episkop, Tageslichtprojektor. Allerdings: Je geringer die Lichtstärke, desto besser muß die Verdunkelung sein, damit auf der Projektionsfläche die Abbildung vom Zuschauer verfolgt werden kann. Der Tageslichtprojektor ist besonders geeignet, weil er sehr lichtstark ist und viele Manipulationsmöglichkeiten bietet. Aber, wie gesagt, alle Lichtquellen sind möglich. Es kommt darauf an, welche Stimmung erzeugt, welcher Inhalt dargestellt werden soll.

* Bei der Verwendung von offenem Feuer ist selbstverständlich besondere Vorsicht geboten!

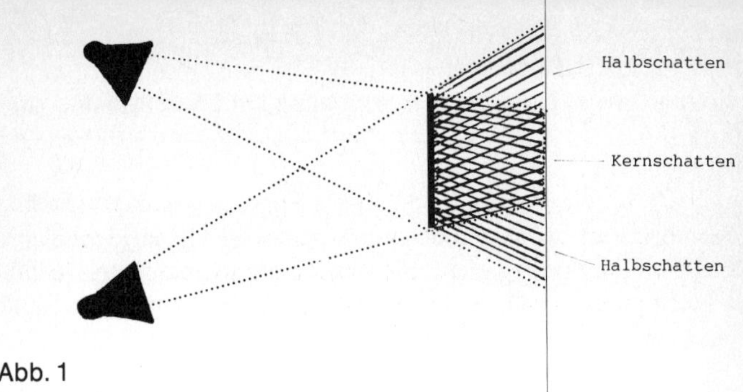

Abb. 1

Je punktförmiger die Lichtquelle, desto schärfer die Umrisse des Schattens. Eine lange Neonröhre erzeugt beim Menschenschattenspiel mit seinem relativ großen Abstand zur Leinwand kaum eine scharfe Abbildung. Hinzu kommt, daß im Raum zwischen Lichtquelle und Projektionsfläche stets Licht von den Wänden des Raumes und von der Projektionsfläche selbst reflektiert wird. Dies führt zu einer Aufhellung der Schatten. Je weiter das den Schatten erzeugende Objekt von der Projektionsfläche entfernt ist, desto «heller» sein Schatten.

Werden zwei oder mehr Lichtquellen benutzt, so entstehen mehrere Schattenbilder, die sich zum Teil überschneiden. Die Entstehung sogenannter Halb- und Kernschatten wird besonders deutlich (s. Abb. 1).

Eine Figur kann sich so verdoppeln oder, wenn wir mehrere Lichtquellen benutzen, sogar vervielfachen.

Man kann die beiden Lichtquellen so auseinanderziehen, daß jede einen eigenen Schatten wirft.

Wird nun eine von beiden Lichtquellen abgeschaltet, bleibt das Schattenbild erhalten, welches von der anderen erzeugt wird. Zaubereien verschiedenster Art sind möglich (s. auch Abb. 4). Durch das gleichzeitige An- und Abschalten zweier versetzt aufgestellter Lichtquellen kann der Schatten «springen». Hier gilt ganz besonders: ausprobieren, experimentieren, eigene Erfahrungen sammeln.

Dennoch hier ein wichtiger Tip: Eine gleichartige Ersatzlichtquelle ist bei Aufführungen sehr nützlich. Bekanntlich geben Lampen nicht selten ihren Geist gerade dann auf, wenn es darauf ankommt.

Mit dem Licht, durch Veränderung der Lichtquelle, kann man beim Schattenspiel sehr viel machen.

Hier einige grobe Hinweise zur Anregung der Phantasie und zum Probieren.

- Wir verändern die *Abbildungsgenauigkeit*

Wie schon erwähnt, werden die Schatten um so schärfer, je mehr die Lichtquelle einem Punkt gleicht. Sie werden um so ungenauer, je größer die Lichtquelle ist. Durch die Ausrichtung der Lichtstrahlen mit Hilfe von Objektiven, Spiegeln, Blenden oder verspiegelten Glühbirnen usw. können wir verschiedenste Effekte erzielen.

- Wir verändern die *Helligkeit*

Das geht zum Beispiel durch die Veränderung des Abstands zwischen Projektionsfläche und Lichtquelle während der Aufführung, durch Folien, die wir vor die Lichtquelle hängen, durch elektrische Widerstände (sogenannte «Dimmer»), mit denen die Helligkeit der Glühbirnen stufenlos reguliert werden kann, usw.

- Wir verändern die *Abbildungsrichtung*

Das erreichen wir, indem wir den Standort der Lichtquelle verändern. Dadurch kann eine Bewegung des Schattens erzeugt werden. Bei der Veränderung der Höhe verändert sich der Winkel gegenüber dem Objekt, der Schatten wird nach oben gestreckt oder nach unten verkürzt (s. Abb. 2 u. Abb. 9, S. 52)

- Wir verändern die *Farbe der Lichtquelle*

Zum Beispiel durch Folien, getöntes Glas, durch die Verwendung farbiger Glühbirnen, durch Dias oder bemalte Gläser im Diarähmchen. Über die Verwendung farbiger Lichter gibt es am Ende dieses Kapitels noch einen eigenen ausführlichen Abschnitt (siehe S. 44/45).

Mit Hilfe des Lichts können wichtige Bedeutungen transportiert werden. Es kann eine «Dämmerstimmung» erzeugt werden, die Sonne kann auf- oder untergehen. Wir können das Licht so abdunkeln, daß wir uns scheinbar in einem Kellergewölbe bewegen, eine dunkelblaue Folie mit feinen Löchern macht aus der Leinwand einen Sternenhimmel, ein durchsichtiger Behälter mit Wasser mit einigen Tropfen Öl läßt den Eindruck eines Aquariums entstehen.

Die Palette der Ausdrucksmöglichkeiten ist enorm. Man sollte sich

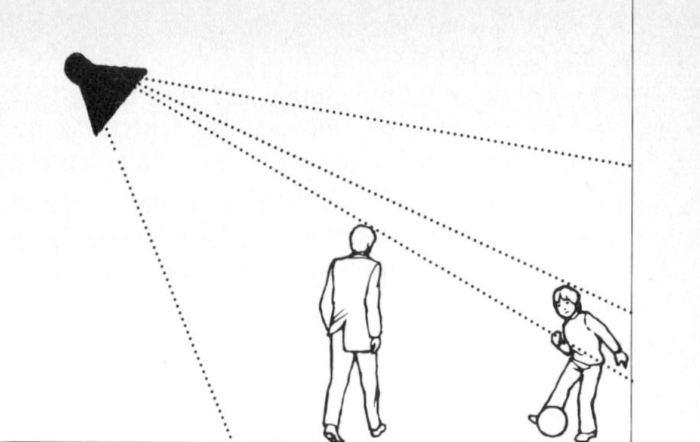

Abb. 2

jedoch nicht durch die Vielfalt irritieren lassen oder sich in Effekthascherei verlieren.

Schließlich sei erwähnt, daß besondere Wirkungen erzielt werden, wenn vom Zuschauerraum her beleuchtet wird.

Das Schattenbild kann dadurch aufgehellt oder ganz zum Verschwinden gebracht werden. Wer versucht, eine Schattentheatervorführung mit Blitzlicht zu fotografieren, wird nachher aus dem gleichen Grund enttäuscht sein: nichts als eine weiße Fläche ist auf seinem Bild zu sehen.

Projektionen aus der Richtung der Zuschauer können u. a. auch eingesetzt werden, um (Zwischen-)Titeltexte oder -bilder zu zeigen, Szenenwechsel oder Umbauten zu überbrücken, einen Ort per Dia zu bestimmen, einen Ansager auftreten zu lassen oder sich am Schluß dem Publikum zu präsentieren.

Bei Aufführungen ist es sinnvoll, der alten Theatererfahrung entsprechend das «Bühnenlicht» erst anzumachen, wenn das Raumlicht gelöscht ist. Das erhöht die Konzentration des Publikums auf den Anfang des Spielgeschehens. Die Arrangements und die Einstellung der Lichtquelle sollten also schon erprobt sein, bevor das Publikum erscheint, sonst vergibt man viel von der Faszination.

Auf der Rückseite dieses Buches sind drei Szenen zu sehen, die den Einsatz von farbigem Licht beim Schattenspiel und seine faszinierenden Möglichkeiten zeigen.

Immer wieder haben wir erlebt, daß Zuschauer sehr beeindruckt hiervon waren. Darin liegt auch eine Gefahr: Durch zuviel Farbe, durch zu viele technische Spielereien kann ein Schattenspiel zur bloßen Effekthascherei werden, die xur Übersättcgung der Beteiligten führt. Daher raten wir zu sparsamem und überlegtem Einsatz der Farbe, damit neben der Technik auch Bewegung, Musik, Schatten usw. zu ihrem Recht kommen.

Gute Farbergebnisse auf der Leinwand haben wir mit bemalten Dias oder farbigen Folien für den Tageslichtprojektor erreicht. Entsprechende Glasmalfarbe bzw. sogenannte OHP-Farbfolien, die auf eine transparente Klarsichtfolie aufgeklebt werden, sind im Fachhandel erhältlich. Eventuell reichen aber auch farbige Umschläge, wie man sie für Schulhefte im Schreibwarengeschäft erhält. Hier sollte man selber experimentieren. Dabei kommt es darauf an, ob nur das Umfeld schwarzer Schatten oder ob die Schatten selber farbig werden sollen.

Am einfachsten ist es, ein farbiges Umfeld der Schatten zu erzeugen: Die hintere Lichtquelle wird farbig gemacht, S. 45. Reizvolle Möglichkeiten bieten sich dadurch, daß man mehrere farbige Lichtquellen benutzt (Abb. 3).

Für die Wirkung ist hierbei von besonderer Bedeutung, in welcher Entfernung sich der Schattenspieler vom Tuch befindet. Ist er ganz dicht am Tuch, dann hat sein Schatten deutliche Konturen mit feinen farbigen Umrissen. Bewegt er sich zu den Lichtquellen hin, so erscheinen mehrere farbige Schatten, die sich bis zur Unkenntlichkeit überlagern können.

Richtet man drei dicht nebeneinander stehende Lichtquellen mit den Grundfarben blau, rot und gelb auf *einen* Leinwandausschnitt, so erhält man auf der Leinwand in diesem Ausschnitt eine nahezu weiß ausgeleuchtete Fläche. Besteht letztere auch noch aus einer Folie, die die Lichtquellen nicht durchscheinen läßt, aber trotzdem Schatten abbildet*, dann ist das Erstaunen beim Zuschauer sehr groß, wenn plötzlich eine Person in die Lichtstrahlen hineinspringt und die verschiedenfarbigsten Schatten erzeugt. Dies habe ich einmal bei einem Schattenspiel zum «Hummelflug» von Rimski-Korsakow ausgenutzt:

* Solche Folien sind im Fachhandel für Bühnenbedarf erhältlich, s. S. 71.

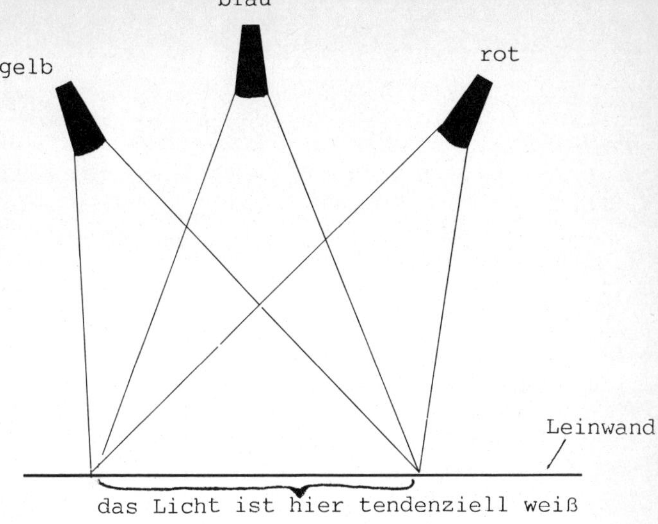

Abb. 3

Zur plötzlich einsetzenden Musik erschien ebenso plötzlich ein mehrfarbiger, wirbelnd tanzender Schatten. Mit Wahnsinnserfolg! Wie das aussieht, zeigt Bild A auf der Rückseite dieses Buches.

Und wenn nun der Schatten *eine* Farbe kriegen soll?

Beim Schattenspiel mit Figuren ist das recht einfach. Man schneidet in eine Figur ein Loch, klebt dahinter durchscheinendes farbiges Material und erhält farbige Schatten oder auch Schemen. Der geneigte Leser wird schnell einsehen, daß diese Methode beim Menschenschattenspiel nicht anzuraten ist. Uns bleibt daher nur der Rückgriff auf die Technik. Und in der Tat, es ist wirklich möglich, farbige Schatten zu erzeugen. Allerdings kann hier das Prinzip nur angedeutet werden (s. Abb. 4, S. 46). Die jeweilige Farbwirkung hängt sehr stark vom Licht, von der Farbfolie und vielem anderen ab. Bei Aufführungen war es oft Zentimeterarbeit, eine bestimmte Farbkonstellation oder Wirkung zu erreichen.

Für farbige Schatten sind – wie die Abb. 4 zeigt – mindestens zwei Lichtquellen erforderlich, wobei eine von hinten leuchtet, eine von der Seite. Erzeugt man z. B. mit der hinteren Lichtquelle gelbes Licht, dann erhält man einen schwarzen Schatten auf gelber Fläche.

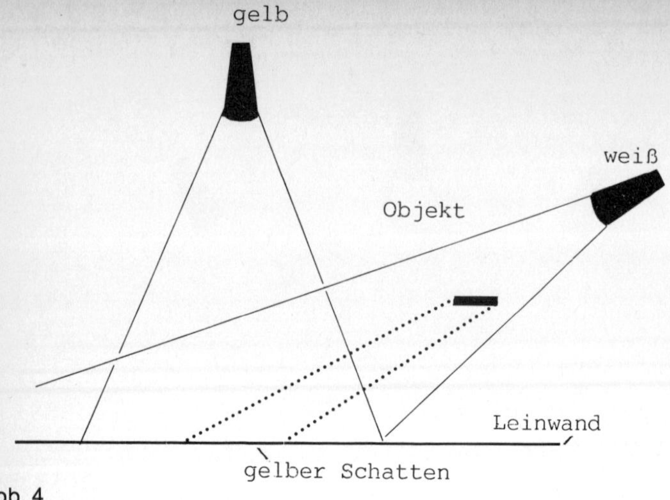

Abb. 4

Strahlt man den Schattengeber nun von der Seite mit weißem Licht an, so erhält man einen gelblichen Schatten. Es entstehen dabei leicht Doppelschatten. Will man diese vermeiden, so muß man den entsprechenden Bereich auf dem Spielboden genau markieren.

Ich habe etwa bei einem Weihnachtsspiel einmal auf diese Weise einen gelben Engel erzeugt. Der Knabe auf der hinteren Umschlagseite (Bild B) wurde mit demselben Trick giftgrün. Die Hirten standen in gelbem, dämmrigen Licht, als plötzlich ein gelber Engel erschien, während sich die Umgebung hell färbte. Der «Engel» hatte die ganze Zeit vorher unbeweglich außerhalb der Projektion gestanden. Durch das Zuschalten der seitlichen Lampe sprang er nun plötzlich ins Bild und verschwand dann auf genauso geheimnisvolle Art und Weise wieder, als die Seitenbeleuchtung abgeschaltet wurde (s. Abb. 4).

Farbige Schatten ohne Doppelschatten erhält man auf eine andere, den Zuschauer allerdings etwas desillusionierende Art. Die Leinwand wird von hinten mit weißem Licht angestrahlt und von vorne, von der Zuschauerseite also, ganz oder teilweise mit farbigem Licht (s. Abb. 5, S. 47). In eben der Farbe erscheint dann auch der Schatten der Person, die sich hinter der Leinwand befindet. Gerade mit scharf abgegrenzten Bühnenscheinwerfern kann man hier enorme Effekte erzielen, indem man etwa Teile einer Person plötzlich farbig erschei-

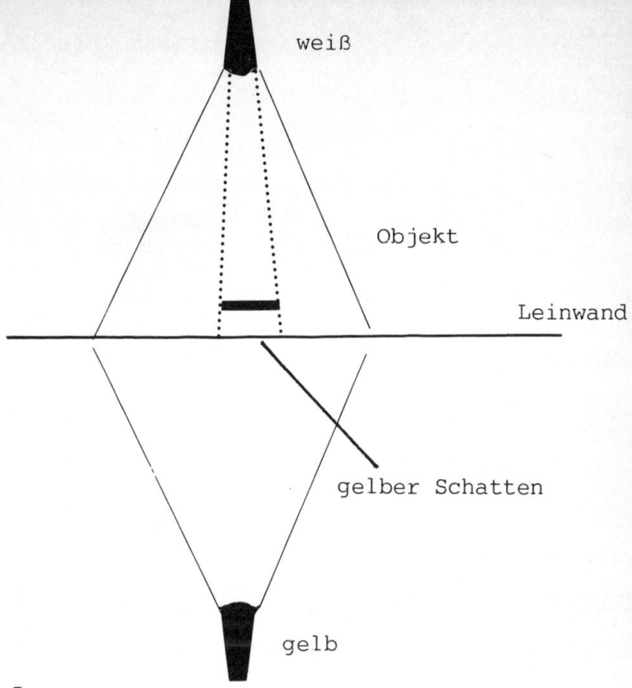

Abb. 5

nen läßt. Läßt man schließlich vor der Leinwand auch eine Person agieren, so erhält man zwei verschiedenfarbige Schatten, die miteinander kommunizieren können, wie Bild C auf der hinteren Umschlagseite zeigt.

Berichte über das Schattenspieltheater «Le Chat Noir» im Paris des letzten Jahrhunderts (vgl. Paerl 1981, S. 65), aber auch die Erfahrungen heutiger Schattenspielbühnen zeigen, daß sich für entdeckungsfreudige Schattenspieler hier noch ein fast grenzenloses, unerforschtes und verlockendes Land auftut.

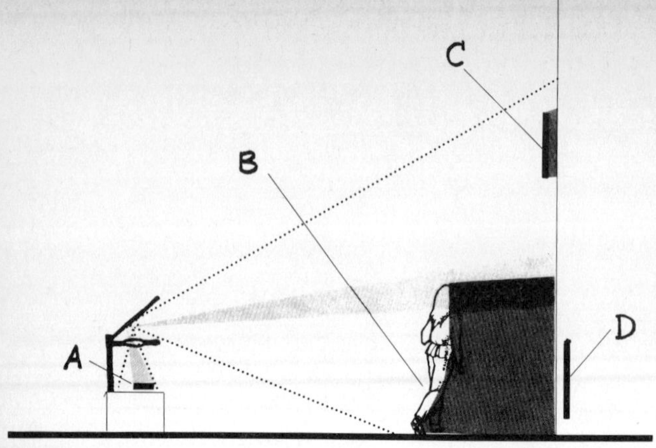

Abb. 6

Schattenspender

Alle Personen oder Materialien bilden an der dem Licht abgewandten Seite einen Schatten. Durchscheinende Materialien wie Glas und Plastik hinterlassen zumindest schemenhafte Abbildungen.

Die Lichtquelle, der «Schattenspender», und die Projektionsfläche sollten natürlich so angeordnet werden, daß eine Abbildung des Schattens für die Zuschauer optimal sichtbar wird. Es lassen sich vier Bereiche unterscheiden, wo die Objekte einen Schatten erzeugen können (s. Abb. 6, S. 48):

A auf dem Projektor
B im Raum zwischen Projektor und Projektionsfläche
C unmittelbar vor der Projektionsfläche
D auf der dem Zuschauer zugewandten Seite der Leinwand

Bereich **A**: auf dem Tageslicht-Projektor, bzw. im Diaprojektor
Auf den Tageslichtprojektor können z. B. Gegenstände und bemalte Folien gelegt werden. Ihr Schattenbild wird vergrößert auf der Projektionsfläche abgebildet.

Oder wir können dort Hände oder Füße hinhalten und bewegen. Sie erscheinen überlebensgroß auf der Leinwand.

Durch die Einstellung des Objektivs kann die Schärfe der Bilder auf der Leinwand stark verändert werden.

Beim Tageslichtschreiber läßt sich durch die Veränderung des Spiegelwinkels die Projektionsrichtung nach oben oder unten verstellen.

Mit dem Diaprojektor lassen sich nicht nur verschiedene Dias projizieren, in die Diarähmchen kann man auch kleine flache Gegenstände montieren, deren Bild auf der Leinwand oft sehr effektvoll ist.

Bereich **B**: im Raum zwischen Projektor und Projektionsfläche
Im Raum zwischen Projektor und Projektionsfläche können sich Personen bewegen, kann Theater gespielt werden.

Die Verzerrung des Schattens ist um so geringer, je näher die Personen oder Gegenstände der Projektionsfläche kommen. Die Abbildungstreue nimmt also mit der Nähe zur Projektionsfläche zu.

Je nach der Höhe, in der die Lichtquelle aufgestellt ist, können Teile des Schattens auf den Boden oder an die Decke geworfen werden.

Die auf den Boden projizierten Teile des Schattens bleiben für die Zuschauer unsichtbar. Das betrifft vor allem die Füße der Spieler. Bei den Schatten an der Decke oder an den Wänden verhält es sich oft anders. Und daraus können wir allerhand machen, z. B.:

- die in der Regel weiße Decke als zusätzliche Projektionsfläche nutzen. Allerdings können nur die weiter entfernt sitzenden Zuschauer diese Schatten beobachten. Vorbedingung ist zudem, daß zwischen unserer normalen Projektionsfläche und der Decke ein Durchblick möglich ist.
- wenn Spieler in einiger Entfernung von der Projektionsfläche flach auf dem Boden liegen, sind sie für die Zuschauer nicht zu sehen.

Und noch ein Tip:

Es ist sinnvoll, die Lichtquelle so anzuordnen, daß die Schauspieler hinter ihr herumgehen und so mühelos die Seite wechseln können (s. Abb. 7, S. 50). Ist das nicht möglich, so müssen die Spieler unter dem Lichtkegel «hindurchtauchen», wenn ein Seitenwechsel für die Zuschauer unbemerkt vonstatten gehen soll (s. Abb. 8, S. 51). In der Aufregung des Spiels kommt es immer wieder vor, daß jemand zur falschen Seite abgegangen ist und die Seite wechseln muß, um beim nächsten Auftritt nicht alles durcheinander zu bringen. Auch ge-

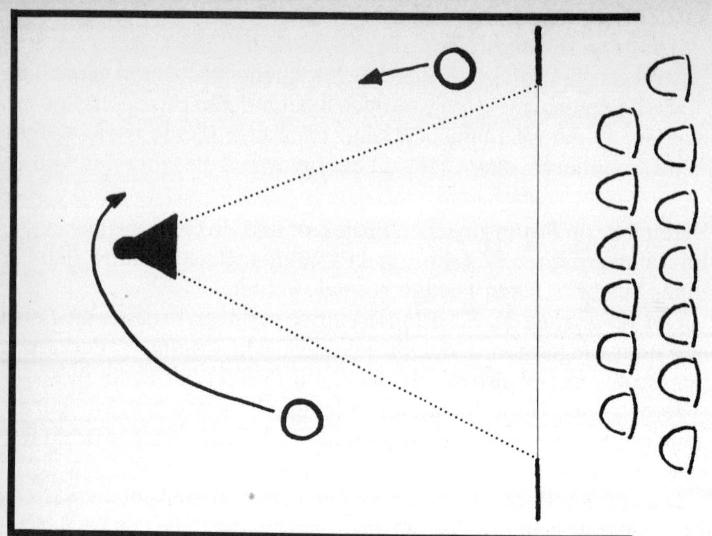

Abb. 7

schieht es immer wieder, daß Requisiten auf der «falschen» Seite liegen und für den Zuschauer unbemerkt geholt werden müssen.

Bereich **C**: unmittelbar an der Projektionsfläche
Unmittelbar an der Projektionsfläche ist der Schatten nicht nur am deutlichsten, sondern auch am dunkelsten. Hier können unsere «Kulissen» angebracht werden: Ein Zweig mit Blättern kann einen Wald, Pappsilhouetten können Möbel andeuten. Der Raum zwischen Projektor und Projektionsfläche bleibt so völlig erhalten.

Bereich **D**: auf der dem Zuschauer zugewandten Seite der Leinwand
Auch vor der Projektionsfläche können Gegenstände, kann Kulisse arrangiert werden. Sie bilden zwar keinen Schatten, wirken aber im dunklen Zuschauerraum vor der erleuchteten Projektionsfläche mit ihren Silhouetten. Allerdings können die Spieler sie nicht sehen, und so muß die Wirkung sorgfältig erprobt werden, denn es kann leicht geschehen, daß der Schatten eines Spielers verdeckt wird, ohne daß er es selbst hinter dem Tuch bemerken könnte.

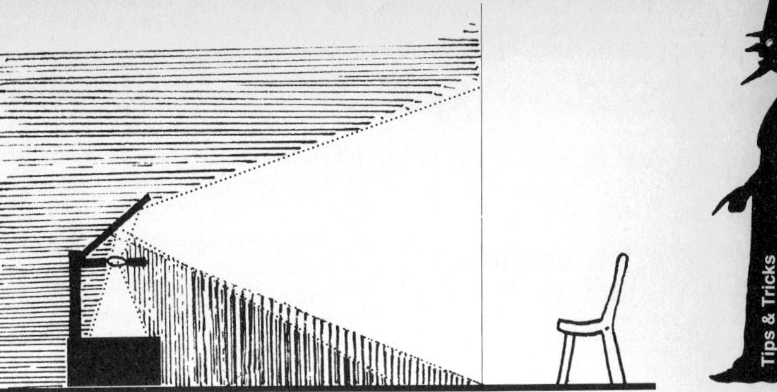

Abb. 8

Die Kombination der verschiedenen Projektionsbereiche ermöglicht phantastische Bilder, die Darstellung von Situationen jenseits aller Realität.

Einige Beispiele:

Flaschengeist. Auf dem Projektor liegt eine Glasflasche. Direkt vor der Projektionsfläche wuselt ein Spieler «in der Flasche».

Käfig. Ein Drahtgeflecht auf dem Projektor erscheint als riesiger Käfig für ein wildes Tier.

Ein Wollfaden wird zur dicken Trosse.
Mit etwas Geschick lassen sich viele Requisiten aus Pappe oder Sperrholz auf die Leinwand bringen. In Verbindung mit den entsprechenden Geräuschen ist die Wirkung oft überwältigend.

Die verschiedenen Lichtquellen erzeugen eine unterschiedliche Wirkung. Da hilft nur probieren und munter experimentieren.

Kombination mit Bildern

Der Diaprojektor, das Episkop und der Filmprojektor ermöglichen die Kombination von Fotos und Film mit dem Schattenspiel. Allerdings Vorsicht: Die Bilder sind für die Zuschauer seitenverkehrt. Das Dia läßt sich leicht umdrehen. Beim Film bleibt nur die Projektion über einen Spiegel, wenn es auf Seitenrichtigkeit an-

Abb. 9

kommt. Das Episkop ist sehr lichtschwach und kann nur dann genutzt werden, wenn die Verdunkelung perfekt ist.

Abbildungsgeometrie

Gleich große Personen erscheinen unterschiedlich groß. So kann David gegen Goliath kämpfen, der Riese klein und der Zwerg plötzlich groß werden (s. Abb. 9 und Abb. 2, S. 42).

Bei flächigen Requisiten kann die Abbildungsgröße durch Drehung gegenüber der Lichtquelle verändert werden. So kann zum Beispiel ein Segel aus Pappe sich im Wind blähen. Der Winkel zur Lichtquelle braucht nur geringfügig verändert zu werden. (s. Abb. 10, S. 53)

Die Projektionsfläche

Beim Schattenspiel mit Figuren reichen in der Regel kleine Leinwände. Benutzt werden auf einen Rahmen gespanntes Pergament, Leinen oder Seide. Bewegen sich Menschen hinter dem Tuch, sind größere Flächen nötig. Bettücher, große Tischdecken und Gardinen

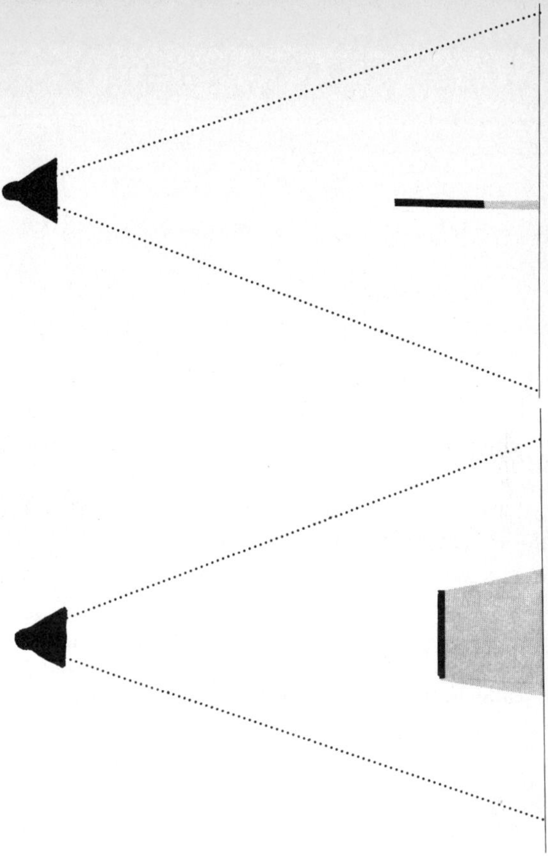

Abb. 10

sind geeignet. Man hängt die Tücher mit Wäscheklammern über eine möglichst straff gespannte Leine.

Mit zunehmender Größe der Projektionsfläche nehmen auch die Möglichkeiten zu, und es können mehrere Spieler zugleich auftreten. Es empfiehlt sich daher, zwei oder mehrere Bettlaken nebeneinander aufzuhängen. Will man sie nicht aneinandernähen, steckt man sie mit ein paar Sicherheitsnadeln zusammen. An den sich überlappenden

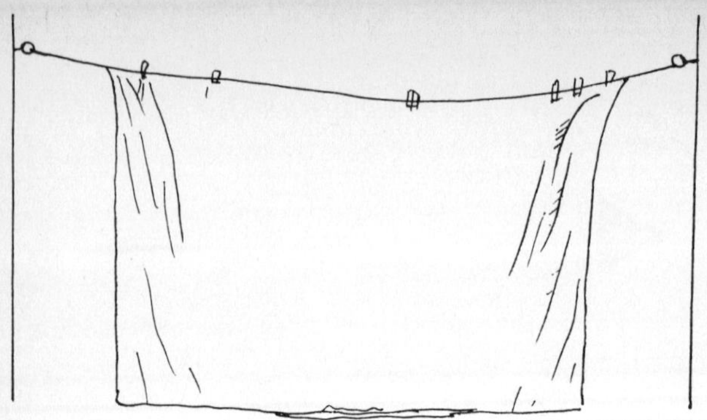

Abb. 11

Stellen zeigen sich zwar dunklere Streifen, aber ist das Spiel erst im Gang, vergißt der Zuschauer das schnell.

Wer allerdings öfters Schattenspiele macht, sollte sich ein großes Tuch aus billigem Nessel zusammennähen. Man kann dieses Tuch (das beim Waschen allerdings einläuft) beliebig groß fertigen und sollte es mit Säumen versehen. Dann läßt sich eine Dachlatte oder ein Bambusstab hindurchstecken, was die Aufhängung beträchtlich erleichtert. Eine Schnur hängt durch das Gewicht des Tuches immer etwas durch. Dadurch entstehen Falten (s. Abb. 11, S. 54).

Da die Schatten durch die Projektion ohnehin verzerrt werden, können zusätzliche Verzerrungen durch Falten stören.

Lehrer haben es besonders einfach, eine Projektionsfläche aufzuhängen, und zwar mit Hilfe von zwei Kartenständern. Zuerst wird das Tuch an einer Dachlatte oder an einer zusammengerollten Wandkarte mit Heftzwecken oder Klebstreifen befestigt. Und nun klemmt man diese Stange rechts und links in die beiden Kartenständer (s. Abb. 12, S. 55). Die Höhe ist beliebig verstellbar. Transport, Auf- und Abbau der Konstruktion sind denkbar einfach.

Rechts und links kann die Projektionsfläche mit undurchsichtigen «Blenden» versehen werden. Dazu kann man zum Beispiel Wolldekken benutzen, in der Schule auch Wandkarten. Die Blenden sind für die Spieler vor allen Dingen dafür von Vorteil, daß der Auftritt und Abgang deutlich wird (s. Abb. 13, S. 56). Am einfachsten ist das Problem auf einer Theaterbühne zu lösen, wo der Vorhang als Seitenblende benutzt wird.

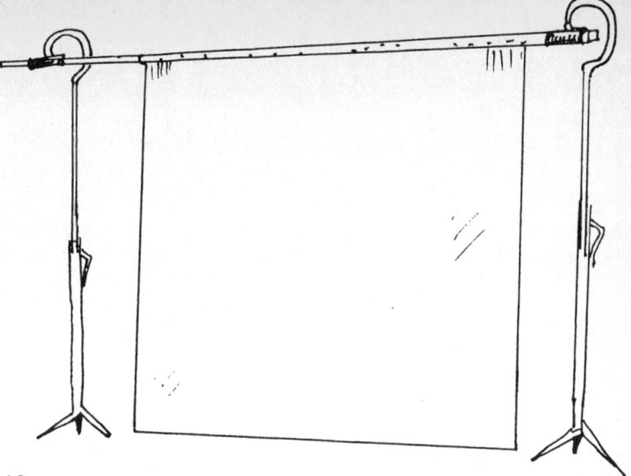

Abb. 12

Bild und Ton

Was den Ton angeht, so steht uns eine ganze Palette von Möglichkeiten zur Verfügung. Welche der folgenden Formen und Kombinationen von Bild und Ton wir verwenden, ist eine Frage der Absichten, Vorlieben, der technischen Ausrüstung und der Erfahrung:

- Wir spielen «wie im Stummfilm».
Einige Spielgeräusche entstehen dabei ja immer.
- Wir spielen «wie im Stummfilm» mit musikalischer Begleitung, so wie früher zu den Charly Chaplin-Filmen jemand Klavier spielte.
- Wir spielen mit Text und den natürlich entstehenden Geräuschen, dem sogenannten Originalton (O-Ton).
- Wir spielen mit Text und benutzen den O-Ton und Musik und eingespielte Geräusche.

Der Text kann dabei unterschiedlich stark festgelegt sein. Er kann sich streng an einer schriftlichen Fassung orientieren oder zwar auf einer Textvorlage beruhen, sich aber mehr oder weniger frei entfalten, nur mündlich geübt und dadurch festgelegt sein ... bis hin zur völligen Improvisation.

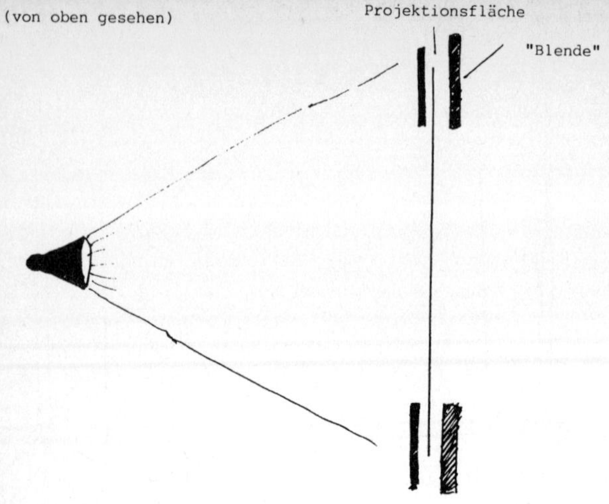

Abb. 13: Die «Blenden» können vor oder hinter der Projektionsfläche angeordnet werden.

- Der Ton kann auf einem Tonband mit allen Geräuschen (auch mit dem Text) vorproduziert sein, und die Spieler bewegen sich innerhalb des dadurch vorgegebenen Programms. Das kann z. B. auch ein Lied sein, dessen Inhalt wir mit dem Schattenspiel gleichsam illustrieren. Solche Schattenspiele hat Marga Joliet van den Berg in ihrem Buch «Schattenspiele» (Christophorus-Verlag, Freiburg) vorgestellt.
- Wir spielen Live-Musik, was seinen besonderen Reiz hat.
- Eine oder mehrere Personen, die nicht auf der Leinwand zu sehen sind, erzählen, kommentieren, sprechen Dialoge, singen, berichten, lesen vor, witzeln – ähnlich wie bei einem Dia-Vortrag. Dabei können diese Personen – je nach Absicht – vor oder hinter dem Tuch plaziert sein, ja sogar inmitten der Zuschauer. Auch Wechsel aus der Rolle des Kommentators in eine handelnde Rolle als Schattenspender ist selbstverständlich erlaubt.
- Genauso ist es natürlich möglich, das Spiel vor und hinter der Leinwand zu kombinieren und nur bestimmte Teile des Stücks als

Schattenspiel durchzuführen. (Vgl. dazu die Interviews mit den Grundschullehrern auf S. 123 bis 128)

Musik! Musik!

Häufig wird Musik weniger als Ton zum Bild, sondern als Bewegungsimpuls und auch als Assoziationsbasis benutzt, um ganze Bewegungs- und Handlungsabläufe zu konstruieren (Bild zum Ton). Dabei kann man einen spontanen Rückgriff auf Bewegungsformen des Ausdruckstanzes beobachten, was oft sehr reizvoll ist. Auf mich als häufigen Zuschauer bei Schattenspielen wirkten solche «Schattenballette» bisweilen ermüdend. Das ist sicher eine Frage des Temperaments. Für die Akteure kann dieselbe Sache ausgesprochen spannend sein. Ich tendiere eher dazu, die Musik wie im Film einzusetzen, um eine bestimmte Atmosphäre zu schaffen. Dabei können das Schattenspiel und die Musik deutlich «auseinanderklaffen». Die Musik kann dann etwas anzeigen, was «im Bild» nicht zu sehen ist. So wie im Krimi die dramatische Musik darauf hinweist, daß gleich etwas geschieht, während das im Bild zu sehende Opfer sich noch völlig nichtsahnend bewegt. Auch können wir auf diese Weise durch die Musik etwas zum Ausdruck bringen, was dem Schatten nicht anzusehen ist: ein Gefühl, eine Absicht, einen Gedanken ...

Ein doppeltes Verhältnis zwischen Bild und Ton kann sich entwikkeln, wenn Musiker ihre Musik unmittelbar zum Schattenspiel produzieren.

Auf einem Treffen von Lehrern der Freinet-Bewegung (s. S. 122) erlebte ich einmal, wie Musiker – Gitarre, Schlagzeug, Kontra-Baß, Posaune – zum Schattenspiel improvisierten. Mal richteten sich die Schattenspieler nach der Musik, mal improvisierten die Musiker nach dem Schatten. Es wurde eine mehrstündige Non-stop-Improvisation daraus, bei der einige Musiker zwischendurch ihr Instrument aus der Hand legten und plötzlich bei den Schattenspielern mitmischten.

Der Rahmen einer Tür ist zwar klein, aber er gibt doch schon allerhand Möglichkeiten – auch für das Menschenschattenspiel

Schattenland im Kinderzimmer

Im Jugendzentrum, im Verein, in der Schule stehen größere Räume, vielleicht sogar eine Bühne zur Verfügung. Aber das Menschenschattenspiel braucht nicht unbedingt viel Platz. Zu Hause können wir die Leinwand praktisch in jedem Zimmer aufhängen. Zwar sind die Möglichkeiten schon günstiger, wenn der Raum größer ist, aber mit etwas Phantasie und ein paar Tricks läßt sich in jeder Wohnung etwas ma-

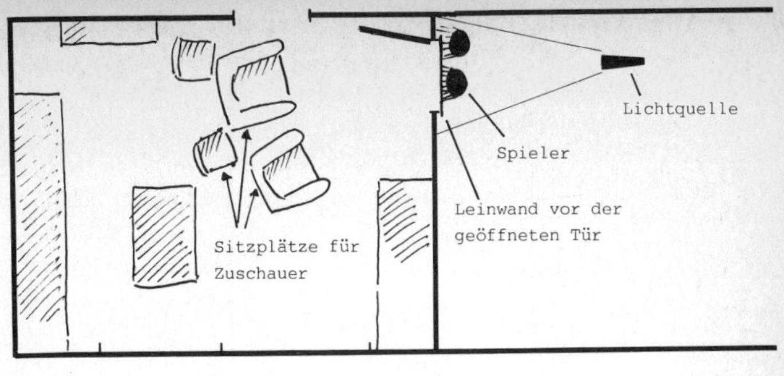

Abb. 18

Tips & Tricks

chen. Wenn unser Zimmer sehr klein ist, nutzen wir die Tatsache aus, daß die Raumtiefe in der Diagonalen am größten ist. Wir bringen die Lichtquelle in einer Ecke an und befestigen die Leinwand so, daß sie rechts und links gleich weit von der Lichtquelle entfernt ist, das hat den Sinn, unbeabsichtigte Verzerrung der Schatten zu vermeiden. Eine solche Anordnung von Lichtquelle und Leinwand hat mehrere Vorteile. Zum einen vergrößern wir damit die Fläche, auf der gespielt wird, zum anderen sitzt der Zuschauer nicht zu dicht vor der Leinwand.

Sehr anregend für Kinder ist es, wenn wir die Schattenleinwand so einrichten, daß sie jederzeit ohne großen Aufwand zur Verfügung steht; vielleicht hängt sie als eine Art Baldachin über dem Bett und braucht für das Spiel nur herabgelassen zu werden.

Natürlich ist es am günstigsten, wenn wir eine Konstruktion finden, die einen schnellen Auf- und Abbau (im größeren Wohnzimmer) und das Spielen dort ermöglicht. Manche Wohnungen bieten besondere Möglichkeiten: Sind zwei Räume direkt mit einer Tür verbunden, kann man die Tür öffnen (oder auch aushängen) und die Leinwand vor dem Türrahmen anbringen. In dem einen Raum wird gespielt, im anderen sitzen die Zuschauer (s. Abb. 18 sowie das Foto auf S. 58). Eine Diele, ein Korridor oder eine Schiebetür können entsprechend genutzt werden. Schauen wir uns um in der Wohnung: Oft muß nur ein Tisch, manchmal ein Sofa etwas umgestellt werden, und schon gibt es genügend Platz für unser Zimmertheater.

Wenn wir, wie im vorigen Abschnitt beschrieben, unser Projektionstuch fertig haben, so müssen wir nur nach einer geeigneten Aufhängung suchen. In unserem Zimmertheater werden wir wohl kaum auf eine Dachlatte als Aufhängung für die Projektionsfläche zurückgreifen, eine Wäscheleine ist da geeigneter. Wenn wir Aufhängepunkte dafür suchen, zum Beispiel Fenstergriff, Schranktür, Türzarge, müssen wir bedenken, daß der Zug der gespannten Leine doch recht stark ist und daher der Befestigungspunkt fest verankert sein sollte, wenn wir unliebsame Überraschungen vermeiden wollen.

Als Lichtquelle genügt eine Schreibtischlampe zunächst einmal völlig, wenn wir den Raum zusätzlich noch ein bißchen verdunkeln.

Kapitel 5

Und jetzt wird's praktisch

Einsteigen

Gut für den Einstieg ist es – das habe ich sowohl mit Jugendlichen als auch mit Erwachsenen erprobt –, die besondere Situation des Theaterspielens beiseite zu lassen.

Schon während des Aufbaus der «Schattenspielbühne» kann der Projektor so strahlen, daß die ersten Erfahrungen «wie nebenbei» gemacht werden können. Sich im Lichtkegel zu bewegen, sollte so selbstverständlich wie möglich werden. Die Gruppe kann sich gemeinsam ins Licht stellen und dort die erste Besprechung machen. Die Schatten auf dem Tuch können dabei so faszinieren, daß sie von der Besprechung ablenken.

Da wir beim Theaterspielen unseren Körper gebrauchen, ist es nützlich und sinnvoll, ihn vorzubereiten. Einfache Lockerungsübungen bringen die Muskeln in Bewegung und wärmen auf. Dabei können wir, wenn uns nichts Besseres einfällt, auf Übungen aus der Aufwärmphase des Sportunterrichts zurückgreifen. Wichtig dabei ist, sich bewußt zu werden, daß beim Theaterspiel der Körper von den Haarspitzen bis zu den Fußzehen beteiligt ist. Also gehören jetzt auch Übungen dazu wie:

- mit den Ohren wackeln,
- die Stirn runzeln,
- lächeln, kauen,
- mit den Händen greifen, klatschen,
- mit dem Hintern wackeln,
- auf den Fersen gehen ... usw.

Musik kann die Aufwärmphase unterstützen, eine angenehme Atmosphäre schaffen und / oder uns zu Bewegungen anregen. Nicht nur Jugendliche tanzen gern zu aktueller Popmusik. Wir werden dabei schön warm, kommen zum ersten Mal außer Atem. Auch Samba und Rumba gehen gut in die Beine. Musik mit intensiven Schlagzeug- und Perkussionseffekten kann uns besonders gut als Grundlage für einen Tanzkreis dienen. Wie im «Kral» bewegen wir uns nach der Musik. Jeder kann eigene Figuren erfinden, andere nachahmen oder einfach im Rhythmus stampfend laufen – im Lichte des Projektors, das unserer Tanz abbildet. (Vgl. Schattenpolonaise, s. unten)

Während die Gruppe ihre erste Verschnaufpause macht, zeige ich einige spezifische Effekte des Schattenspiels. Große Schatten – kleine Schatten, scharf – unscharf, schnelle Bewegung – langsame Bewegung, die verschiedenen Projektionsebenen usw.

Dann können wir auch schon mit kleinen Ideen anfangen, mit denen die Teilnehmer ihre ersten Spielerfahrungen machen. Ist die Gruppe so groß, daß nicht alle zugleich agieren können, so bilden wir kleine Gruppen. Eine Gruppe spielt, die anderen beobachten als Zuschauer oder planen, üben an anderer Stelle.

Übungsformen zum Weitermachen

Für das Schattenspiel bieten sich, je nach Gruppengröße, verschiedene Übungsformen an. Beginnen wir mit einigen Vorschlägen für eine größere Gruppe.

Schattenpolonaise

Generell empfiehlt es sich, wenn man nicht gerade eine Aufführung plant, das Tuch genau in der Mitte des Raumes zu plazieren, und zwar so, daß an den Seiten genügend Platz zum Vorbeigehen bleibt. Nun können die Teilnehmer einer mittelgroßen Gruppe alle auf einmal um das Tuch auf der einen und die Lichtquelle auf der anderen Seite hintereinander im Kreis herumgehen, so daß jeder abwech-

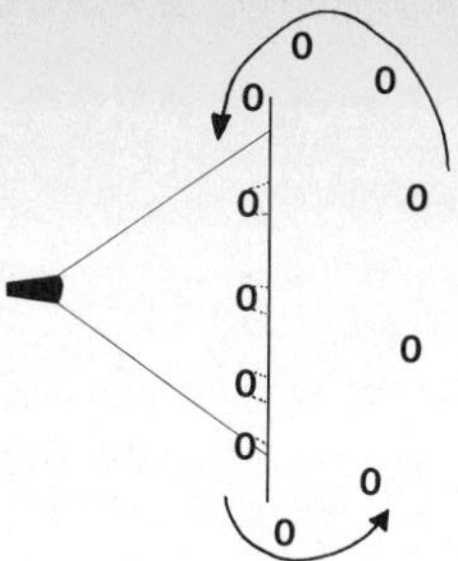

Abb. 14

selnd Zuschauer und Akteur ist (s. Abb. 14). Gerade für den Einstieg in das Schattenspiel ist diese Form ideal, weil alle beteiligt sind.

Zu einer höfischen Polonaisemusik geben wir konkrete Anweisungen, z. B.:

- «Geht hintereinander wie eine vornehme königliche Gesellschaft!»
- «Spielt jeder einen lustigen, einen traurigen, einen uralten, einen ganz jungen, einen sehr ängstlichen, einen stolzen König!»
- «Stellt euch vor, ihr seid in einen Roboter verzaubert worden!»
- «Nun seid ihr wieder Menschen und freut euch darüber!»

Imitation im Gegenkreis

Dies ist eine hervorragende Einstiegsübung. Dabei können sehr viele Teilnehmer zur gleichen Zeit mitmachen, wenn der Raum nicht zu klein ist. Man bildet mit den Teilnehmern zwei etwa gleichgroße Kreise: einen um die Lichtquelle hinter der Leinwand, den anderen vor der Leinwand (s. Abb. 15, S. 64). Nun setzen sich die Teilnehmer des ersten Kreises in Bewegung, und die Teilnehmer des zweiten Kreises versuchen jeweils, einen «Partnerschatten» zu imitieren. Die Kreise bewegen sich also gegeneinander wie zwei Zahnräder, die ineinander greifen. Bei dieser Übung gibt es wenig Leistungsdruck, dafür viel Heiterkeit. Besonders viel Spaß macht sie mit Musik.

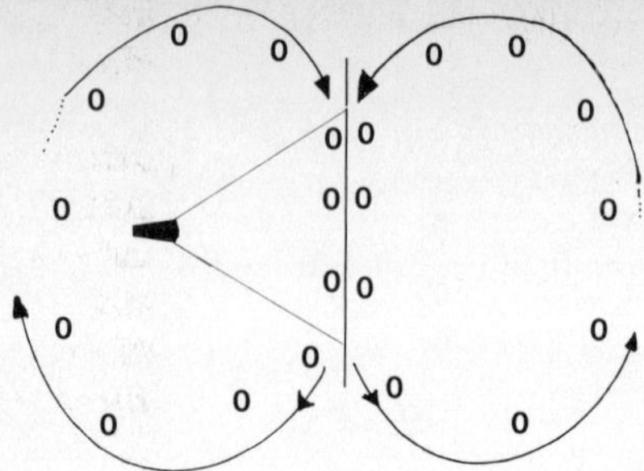

Abb. 15

Straßenbahn

Man kann auch mit der ganzen Gruppe, wenn die Größe des Tuches es erlaubt, zwischen Lichtquelle und Leinwand spielen. Gerade bei einer neuen Gruppe fördert es die Kooperation, wenn man einmal gemeinsam versucht, eine fahrende, überfüllte Straßenbahn zu spielen, die plötzlich bremst. Vorsicht vor «Zusammenstößen»!

«Hydra»

Ebenso beliebt wie die Schattenstraßenbahn ist auch die schattenhafte Darstellung dieser sagenhaften vielköpfigen Gestalt aus der griechischen Mythologie (vgl. Thomas 1976, S. 155). Dabei stehen mehrere Personen hintereinander, so daß ihre Körper nur einen Schatten werfen. Allerdings bewegen sich alle Köpfe und Arme, und schon ist das Seeungeheuer in Aktion.

Wenn man eine Großgruppe in mehrere Kleingruppen unterteilt, bieten sich verschiedene Möglichkeiten: Alle erhalten die gleiche Aufgabe, etwa Darstellung einer bestimmten Stimmung, einer kleinen Szene. Jeweils eine Gruppe spielt dann vor; anschließend äußern die Zuschauer ihre Meinung.

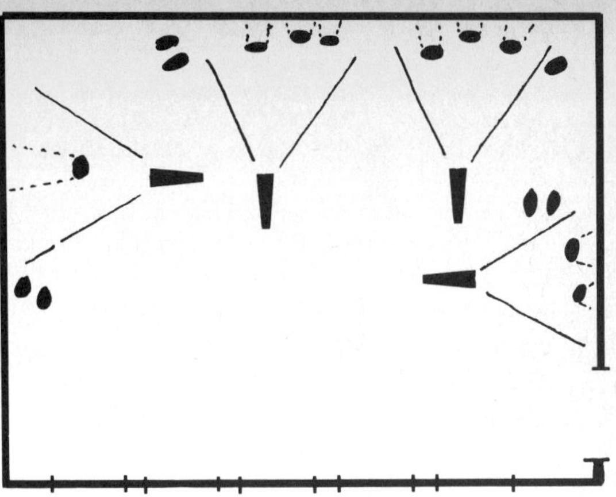

Abb. 16

Wandschattengruppen

Wenn man viele Teilnehmer, z. B. die Schüler einer Klasse, hat, kann man in einem großen Raum, etwa einer Aula, jeder Gruppe eine beliebige Lichtquelle geben, die gegen eine der Wände gerichtet wird (s. Abb. 16). Nun kann ausprobiert, experimentiert, erfunden werden, ohne daß jede Gruppe ein eigenes Tuch haben muß. Als Lehrer kann man beispielsweise eine Musik immer wiederholen, zu der sich jede Gruppe etwas ausdenken soll. So habe ich einmal im Musikunterricht beeindruckende Parodien zu dem Neue-Deutsche-Welle-Hit «Da-da-da» erhalten. Man kann aber auch, je nach Fähigkeiten, die Gruppen ganz frei arbeiten lassen.

Meine Schüler (Gerd Haehnel) sind meistens mit Begeisterung bei der Sache, wenn sie zu Hause Schattenspiele zu ihrer eigenen Musik einüben und dann vor der Klasse vorspielen dürfen.

Führen und Folgen mit farbigen Schatten

Wenn die Gruppe eher klein ist, kann man beispielsweise das Führen und Folgen (s. Abb. 17) üben, eine Konzentrations-, Koordinations- und Bewegungsübung, die sehr viel Spaß macht, wenn wir dabei mit farbigen Schatten arbeiten. Man strahlt das Tuch mit zwei verschie-

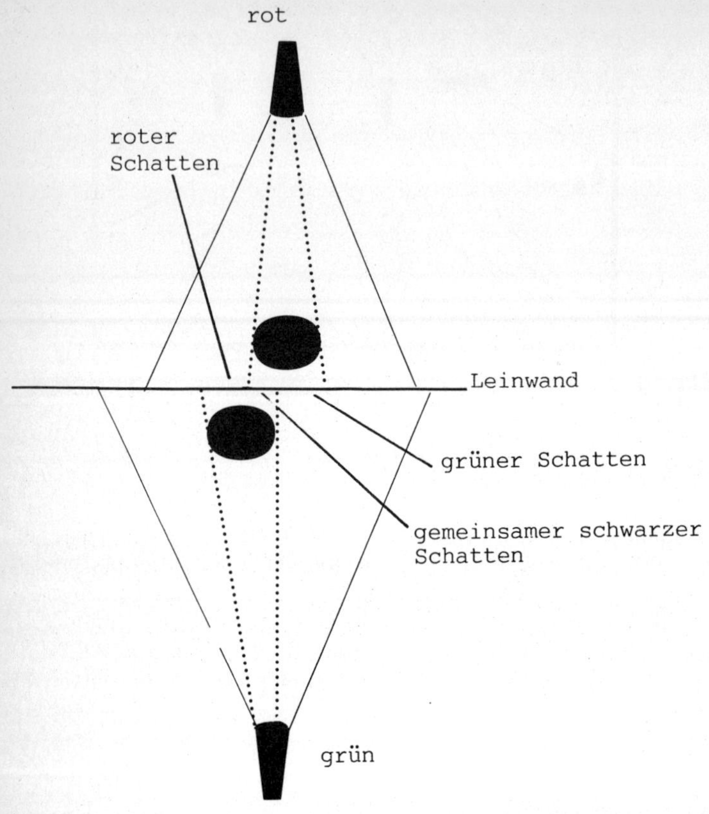

Abb. 17

denfarbigen Lichtquellen von beiden Seiten an. Wir bilden Zweiergruppen. Einer stellt sich vor, der andere hinter das Tuch. So haben beide ihren eigenen farbigen Schatten. Aber Achtung! Der eigene Schatten hat genau die Farbe der Lichtquelle, die sich auf der anderen Seite des Tuches befindet. Wo sich beide Schatten überschneiden, ist es schwarz. Da beide Partner ihre Schatten sehen können, können sie nun beginnen, sich zu bewegen, ohne daß der eine den Schattenbereich des anderen verläßt: einer führt, der andere folgt.

Diese Partnerübung wird noch schwieriger, wenn nur eine Lichtquelle brennt. Dann muß derjenige ohne Schatten sehr vorsichtig führen, denn er sieht ja nicht, ob der andere ihm wirklich folgen kann. Durch Zuschalten der zweiten Lichtquelle kann dann gezeigt werden, wie gut die Übereinstimmung war.

Schließlich die Einzelarbeit am Schattentuch: Sie wird vorwiegend im therapeutischen Bereich eingesetzt, worauf im 4. Teil des Buches eingegangen wird.

Wir entwickeln ein ganz kurzes Schattenspiel

Es ist gut, sich am Anfang eingrenzende Spielregeln aufzuerlegen, damit wir nicht gleich mit allen verschiedenen Schwierigkeiten zugleich arbeiten müssen. Wir können z. B. festlegen: Mit oder ohne Sprache? (Ohne Sprache ist es anfangs einfacher.) Welche Musik? Geräusche?

Ausgangspunkt für die folgenden Spielideen bildet jeweils ein Requisit. Das kann z. B. ein Stuhl, eine Flasche, ein Fahrrad, ein Koffer, eine Tasche, ein Topf oder ... sein.

Wir begrenzen als nächstes die Dauer des Stücks auf zwei oder drei Minuten. Im Stück soll das Requisit in beliebiger Weise benutzt werden.

Ein Stuhl

An einem Stuhlbein wird unten ein Band befestigt, und zwar so, daß es im Schattenbild nicht zu erkennen ist. Wenn sich nun ein Spieler auf den Stuhl setzen will, wird an dem Band gezogen, und der Stuhl bewegt sich wie von Geisterhand, ist widerspenstig.

Oder der Stuhl wird zweckentfremdet. Er dient im Spielzusammenhang plötzlich mal als Hammer, als Waffe, als Leiter.

Wir können mit dem Stuhl auch wie mit einem Menschen umgehen, ihn streicheln, ihn liebkosen, ihn ankleiden ...

Durch Probieren und Experimentieren entwickeln wir die «Handlung». Dabei streben wir unter Beachtung der Spielregeln an, daß das Stück Anfang und Schluß hat.

Haben wir einen *Tageslichtprojektor* zur Verfügung, so lassen sich «surrealistische» Szenen entwickeln, indem wir verschiedene Projektionsebenen miteinander verbinden.

Als Spielregel legen wir z. B. fest, daß ein kleiner Gegenstand auf der Projektionsfläche des Tageslichtprojektors und ein Gegenstand oder eine Person an der Leinwand zueinander in Beziehung treten.

Gullivers Kampf mit der Sicherheitsnadel

Wir legen eine Sicherheitsnadel auf die Projektionsfläche. Projiziert wirkt sie riesig, von einem Mitspieler wird sie bewegt, ein anderer Spieler am Tuch reagiert darauf.

Das Nagelbrett

Das vergrößerte Bild einer auf dem Projektor plazierten Zahnbürste kann einem Fakir als «Sitzplatz» dienen.

Haben wir erst einmal «Blut geleckt», entwickeln sich die neuen Spielideen wie von selbst.

Kleine Spielideen

Einzeln:

Die Morgentoilette

Wir kommen ins Badezimmer / gähnen / wir ziehen den Schlafanzug aus / erster Blick in den Spiegel / erschrecken / Zähne putzen / ein Nasenpopel wird entfernt / sich waschen oder duschen oder Haare waschen / abtrocknen / Maniküre / make up / kämmen / Hemd-Bluse anziehen / abschließender Blick in den Spiegel / ...

Am Frühstückstisch

Tisch decken / vorbereiten / immer fehlt noch etwas / Brot schneiden / Kaffee aufgießen / Eier aufsetzen / Brote schmieren / essen / (die Eier vergessen) / Kaffee trinken / nervös auf die Uhr sehen / ...

Auf die Toilette gehen

eilig hinein / Tür zu ... geht nicht richtig ... endlich / Hose runter / wir setzen uns / drücken ... «Blick in die Ferne» endlich! / Kontrollblick / Griff zum Toilettenpapier / das Toilettenpapier rutscht aus der Halterung / wir angeln uns die Rolle wieder / abwischen / aufstehen / Hose hoch / Kleidung ordnen / abziehen / Hände waschen / Blick in den Spiegel / lüften / Tür öffnen ...

In der gleichen Weise können viele Abläufe gegliedert werden:

- einen Salat zubereiten
- einen Brief schreiben
- ein Anruf
- die Betten machen,
- spülen, putzen, baden usw.

Mit mehreren Personen:

«Zu spät in die Schule kommen»

Klopfen / hineingehen / versuchen sich unbemerkt auf den Platz zu setzen / sich entschuldigen / erklären / will mitarbeiten / versteht aber nicht, was gemacht wird / wird vom Lehrer drangenommen / wird abgelenkt / es wird einem geholfen ...

Entsprechend kann gegliedert werden:

- Passanten auf einem belebten Bürgersteig
- an der Fußgängerampel
- Einkauf im Supermarkt
- in der Wartereihe am Postschalter

Es ist sehr empfehlenswert, solche Dinge zu beobachten und dann zu spielen.

Man nehme...

Die meisten Dinge für das Schattenspiel sind im Haushalt vorhanden, und die Vorbereitung besteht lediglich darin, sie vorher zusammenzusuchen, damit sie zur Verfügung stehen. Das hat zwei Vorteile:

- Das Spiel wird nicht wegen fehlender Requisiten unterbrochen;
- die vorhandenen Requisiten und technischen Möglichkeiten wirken phantasieanregend.

Es ist empfehlenswert, erprobte Materialien in einer Kiste oder einem alten Koffer zu sammeln, damit man im Falle eines Falles schnell startklar ist und die spontane Lust nicht durch frustrierende Sucherei abgetötet wird. Auch ist man so mobil und kann seine «Schattenbühne» auf die Fete, in die Schule oder ins Wochenende mitnehmen.

Die Grundausrüstung, ein Tuch und eine Lichtquelle, ist ja sowieso in jedem Haus vorhanden. Wichtig ist das Improvisationsvermögen. Mit etwas Geschick wird das Tuch befestigt, die Lampe installiert, und das Spiel kann beginnen.

Wie ist es, liebe Leserin, lieber Leser, bist Du arg müde? Nein? Wie wäre es dann, wenn Du jetzt das Buch aus der Hand legst und probierst, wie rasch Du bei Dir ein Schattentheater aufbauen kannst?

Weitere Tips und Gedankenanregungen für alle möglichen Varianten haben wir in der Tabelle auf S. 71 systematisch zusammengestellt.

Die Ausrüstung

Ausrüstung	«einfache Schattenbühne»	gehobener Standard	Profi-Schatten-Multimediashow
Lichtquelle	Lampe mit Opalglühbirne (z. B. Schreibtischlampe) / Ersatzglühbirne / Material zum Verdunkeln / Oder einfach bis abends warten	mehrere Lichtquellen / farbige Glühbirnen / Tageslichtprojektor / Folien / (präparierte) Dias	verschiedene Projektoren: Diaprojektor / Filmprojektor / Episkop / Scheinwerfer mit Farbfiltern und Blenden bzw. Regelwiderständen
Projektionsfläche zur Befestigung ders.	Bettuch oder Tischdecke / Gardinenstoff / opales Architektenpapier Wäscheleine und Wäscheklammern oder Sicherheitsnadeln / Heftzwecken bei einer Latte	größeres Tuch aus Nessel (Tuch mit Saum, durch den eine Leine oder eine Stange gezogen wird) / lange Stange / Dachlatte	Spezialfolie (Opera-Folie – zu beziehen über Hans Gerriets 7801 Umkirch Am Kirchenhüstele 5–7) / Stange, deren Länge verändert werden kann / Ständer für die Aufhängung der Stange
Technik / Apparate	Kassettenrecorder / Verlängerungsschnur / Doppelstecker	Plattenspieler / Tonband mit Zählwerk / Verstärker / Lautsprecherboxen / entsprechendes Kabel mit passenden Steckern nicht vergessen!	großer Verstärker / Mischpult
Musik und Geräusche	Tonträger mit Musik und/oder Hörspielgeräuschen	Plattensammlung / Geräusch-Gong / Klingel / einfache Instrumente	vorbereitete Tonbänder / verschiedene Musikinstrumente
Werkzeug	Schere / Bindfaden / Klebeband	Klebstoffe / Messer / Schraubenzieher / Hammer / Zange	Werkzeugkiste
Requisiten	Tücher / verschiedene Kleidungsstücke / Besteck / Geschirr	Pappkarton und Material zum Herstellen von Requisiten	Requisitensammlung

Vieles von dem, was wir auf den vorigen Seiten angeboten haben, läßt sich umstandslos und mit Erfolg auch mit kleinen Kindern zu Hause ausprobieren. Hier noch einige Zusatzideen – speziell für diesen Interessentenkreis, wobei wir Erwachsenen uns wieder die Hauptgrundregel für den Umgang mit Kindern in Erinnerung rufen sollten:

Kinder kommen von allein auf die vielfältigsten Ideen, wenn man nur die kleinsten Anregungen gibt. Deswegen sollten wir nicht so schnell und zu ungeduldig sein. Ruhig etwas abwarten, bevor man weitere Anregungen gibt. Andererseits kann es natürlich dann auch langweilig werden.

Wie wäre es, wenn wir einfach mal ein Stück aus einer Fernsehsendung aufgreifen?

Oder wir legen den neuesten Hit auf und entwickeln dazu einen «Schatten-Video-Clip». (Falls Sie Verständnisprobleme haben: Die Kinder wissen schon, was das ist.)

Oder die Kinder erfinden sich eigene Szenen, zum Beispiel zu Fragen wie:

- Was geschah mit Major Tom, nachdem er im Weltraum verschwunden war?
- Was macht Olli, wenn er dringend muß, und das Klo ist schon seit einer halben Stunde besetzt?

Vielleicht bietet der letzte Traum Stoff genug oder ein Erlebnis. Und warum nicht etwas ganz Naheliegendes aufgreifen? Wir spielen die muffelige Frühstücksszene von heute morgen. Oder Mutter macht vor, wie sie eines Tages keine Lust mehr hat aufzuräumen und statt dessen ...

Oder wir versuchen, auf wohlbekannte Gestalten der Märchen- und Fabelwelt zurückzugreifen.

Zwei große Ohren aus Pappe, am Kopf festgebunden, ein paar Besenhaare als Schnurrbart – schon ist der Osterhase fertig.

Das Schattenspiel bietet viele Möglichkeiten, Illusionen zu erzeugen und die Zuschauer hinters Licht zu führen. Das reizt und regt an.

Die spezifischen Möglichkeiten des Schattenspiels lassen sich auch zur Verfeinerung und Verfremdung vieler bekannter Sketche benutzen: Vom «Einmaligen Auftritt» bis «Beim Zahnarzt». Und selbstverständlich läßt sich auch ein Krippenspiel mit Weihnachtsliedern auf der Schattenleinwand mit besonderen Effekten inszenieren (vgl. dazu den Hinweis auf dem leuchtenden Engel auf S. 47).

Tips für Gruppenleiter

Der leidige Leiter

Das Schattenspiel erfordert nicht so viel Organisation, daß eine Leitung zwingend notwendig wäre. Alle Aufgaben können im Prinzip von Teilnehmern wahrgenommen und gut verteilt werden. In vielen Situationen ist ein Leiter nicht notwendig oder sogar schädlich. Gleichwohl sehen sich Kursleiter von Fortbildungen, Lehrer, Sozialpädagogen, Pfarrer oder Eltern ohne Vorbereitung in dieser Rolle. Häufig wird derjenige, der die Initiative ergreift oder schon über etwas mehr Erfahrung verfügt, da hineingedrängt. Wie auch immer man an diese Rolle gerät – benannt, gebeten, gedrängt oder selbst ernannt –, es gibt Möglichkeiten, sie positiv wahrzunehmen.

Die folgenden Tips beanspruchen keine Allgemeingültigkeit, sie stammen aus Erfahrungen in der Schule, bei Fortbildungen, Kursangeboten auf Gewerkschaftsmeetings und Lehrertreffen.

Wann und wie man eingreift, ist letztlich eine Frage der Persönlichkeit und der Absichten, die man verfolgt.

Uns erscheint es als wichtiges Ziel, die Fähigkeit der Organisation, Reflexion und Planung solcher Spielprozesse weiterzuvermitteln und in die Verantwortung der Gruppe zu legen. Wenn wir warten und uns zurückhalten können, organisiert sich vieles «wie von selbst»; der gute Leiter macht sich überflüssig.

Ausrüstung vollständig? Liste machen!

Eine Aufgabe des «Verantwortlichen» besteht in der Vorbereitung der Arbeit und in der Schaffung von Möglichkeiten durch entsprechende Materialien, damit sich die Aktivitäten und die Ideen der Gruppe entfalten können.

Zur notwendigen Ausrüstung vergleiche den Abschnitt «Man nehme», S. 70, und die Tabelle S. 71.

Hat man die Ausrüstung zusammen, so ist eine Liste sehr nützlich, weil so jeder kontrollieren kann, ob auch alles beisammen ist. Was im

Orchester der Notenwart oder im Theater der Inspizient macht, kann mit Hilfe der Liste gut von den Gruppenmitgliedern selbst in die Hand genommen werden.

Die Räumlichkeiten

Man sollte sich den Raum möglichst vorher selbst ansehen und dabei auf folgende Dinge achten:

- Wo sind die nächsten Steckdosen? Ist eine Verlängerungsschnur nötig? Mehrfachstecker?
- Wo ist der Lichtschalter?
- Wie kann der Raum verdunkelt werden?
- Wie wird der Raum gelüftet?
- Wo sind die Reinigungsgeräte (Besen, Staubsauger)?
- Wie kann man die Möbel umstellen? Gegebenenfalls sollte man die Nachbarn oder Mitbewohner vorwarnen, wenn man laute Musik oder Geräusche verwendet. Andere Menschen kann es sehr stören, wenn man wieder und wieder dieselbe Sache durchspielt.

Aufgaben einteilen

Je größer die Gruppe ist, um so wichtiger ist die Verteilung der anfallenden Aufgaben auf die Gruppenmitglieder, vor allem auch, wenn die Gruppe sich regelmäßig trifft.

Typische Aufgaben:

- Raum vorbereiten (verdunkeln, Spielfläche herstellen, Leinwand aufhängen, Lichtquelle einrichten)
- Material beschaffen/mitbringen
- Projektoren, Musikanlage bedienen
- das Spiel beobachten, gezielte Beobachtungsaufgaben
- den Raum aufräumen
- Material einpacken (Liste)

Die Aufgaben können regelmäßig getauscht werden. Rollen im Spiel können doppelt besetzt und gewechselt werden. So machen alle neue Erfahrungen, können einander mit ihren Beobachtungen helfen und sich mit ihren Fähigkeiten ergänzen.

Für einen angenehmen Einstieg in das Spiel sorgen

Wir sollten bedenken, daß manche Teilnehmer ihre letzte Erfahrung mit dem darstellenden Spiel vor längerer Zeit gemacht haben. Vielleicht war diese Erfahrung auch nicht gerade ermutigend.

Ein möglichst ungezwungener Anfang ist auf jeden Fall wichtig. Wer also die Teilnehmer sofort mit darstellenden Aufgaben fordert, erzeugt unnötigen Druck. (Siehe dazu den Abschnitt «Einsteigen», S. 61f.)

Die Gruppen- und Arbeitsatmosphäre pflegen

Wir sollten dafür sorgen,

- daß unterschiedliche inhaltliche Vorstellungen zum Vorschein kommen und auch ausprobiert werden. Die dominierenden Mitspieler sorgen schon dafür, daß ihre Ideen nicht zu kurz kommen, achten wir also auf die Zurückhaltenderen!
- daß Beobachtungen und Erlebnisse ausgetauscht werden. Häufig halten Teilnehmer ihre Eindrücke für zu unwichtig, obwohl sie für die Gruppe wichtig sein können, also fragen wir danach.
- daß genügend Zeit für eine Schlußbesprechung und fürs gemeinsame Aufräumen bleibt, also nicht bis zum letzten Augenblick spielen!

Theater ist auch anstrengend. Pausen können wichtig sein. Eventuell organisieren wir schon vorher eine Erfrischung.

Eigene Erfahrung

In welcher Funktion sich der Gruppenleiter auch sieht, ob er als Sozialpädagoge mit einer Kinder- oder Jugendgruppe spielt, als Lehrer mit einer Grundschulklasse arbeitet oder als Eltern mit Kindern und ihren Freunden – eine wichtige Grundlage für richtiges Eingreifen bildet eigene Erfahrung mit dem Schattenspiel. Also nicht «außen vor bleiben», sondern selbst mitmachen. Dann versteht man die Situation der Mitspieler, fühlt Anstrengung und Spaß viel besser.

Schließlich kann man eine Aufführung vorschlagen und die Arbeit in diese Richtung lenken. Der folgende Abschnitt beschreibt, was wir dabei bedenken müssen.

Wenn wir, Kinder oder Erwachsene, mit unseren Schatten spielen, ist da immer auch die Frage, wie das, was wir da erzeugen, auf andere wirkt. Und dennoch haben wir häufiger schon Ablehnung und Angst bemerkt, wenn wir in einer solchen Schattenspiel-Gruppe vorgeschlagen haben, eine Aufführung zu machen.

Wie kommt das?

Der Wunsch, sich in seiner Arbeit darzustellen, ist in unserer Gesellschaft zum Teil tabuisiert. Kindern wird die (narzißtische) Selbstdarstellung noch zugestanden, aber Scham setzt schon recht früh ein. Diese hemmt auch den Erwachsenen. Selbstdarstellung ist nur in «kultivierter» Form erlaubt, wie sie der Künstler hervorbringt, dem sie dann auch zugestanden wird.

Sich innerlich auf eine Aufführung einzustellen, bedeutet also zugleich, seine Scham zu überwinden und sich dem Leistungsdruck zu stellen.

Im Vergleich zum normalen Theaterspiel treten bei unserem Unternehmen beide Probleme in wesentlich milderer Form auf. So läßt sich dann doch in aller Regel recht schnell die Begeisterung für eine öffentliche Vorführung der Gruppe entzünden, die Ängste, Scham, negative Erwartungen und Befürchtungen überwindet, denn es erscheint ja «nur» der eigene Schatten auf dem Tuch.

Wenn es dann an die Vorbereitung einer Aufführung geht, wenn ein Termin festgelegt ist, dann bekommt auch das Spielen und Probieren neue Impulse. Durch die Festlegung des Termins ist es nun einfacher, die Zeit einzuteilen. Und der Eifer des einen oder der anderen nimmt merklich zu.

Neue Aufgaben sind anzugeben, neue Überlegungen anzustellen: Wie wird die Aufführung bekannt gemacht, das Publikum eingeladen? Was für eine Musik spielen wir vor Beginn? Wer macht die Ansage? Und was machen wir, wenn der Applaus recht groß ist? Halten wir eine kleine «Zugabe» parat?

Für eine Aufführung sind keine langwierigen Probearbeiten notwendig. Gerade improvisierte Stücke, in denen der Zufall kräftig mitspielt, haben ihren besonderen Charme. Eine (gute) Spielidee, eine spannende Musik und ein paar Spielregeln können genügen.

Wenn eine Gruppe die Möglichkeit hat zu proben und auf eine Aufführung hinarbeitet, kann sie Effekte und Möglichkeiten gezielt einsetzen und das Spiel perfektionieren. Aber zu viel Perfektion wirkt leicht verkrampft.

Zwei Tendenzen tauchen in der Probenarbeit häufig auf:

Einige wollen (noch) keine Aufführung, denn sie wollen erst perfekter werden (perfekt sein). Die Angst, vor anderen zu spielen, wirkt hier als hemmende Kraft.

Andere wollen das Schattenspiel mit seinen Illusionseffekten perfektionieren. Anstatt auf die Vorstellungskraft der Zuschauer zu setzen und zu vertrauen, treten sie in eine unsinnige Konkurrenz mit Film und Fernsehen.

The Show

Für unsere Schattenaufführung gucken wir uns einiges von einer guten Show ab, z. B. wie man das Publikum in seinen Bann zieht. Dazu gehört die gezielte Überraschung. Also nicht noch proben und mit dem Projektor herumhantieren, während das Publikum die Plätze einnimmt. Das sollte alles schon vorbereitet sein, die Bühne dunkel, der Zuschauerraum hell, eine angenehme Willkommen-Musik füllt unaufdringlich den Saal. Ein Gong ertönt. Wenn dann das Licht auf der Zuschauerseite ausgeht und die Projektorlampe aufleuchtet, geht das Spiel auch schon los. Die unbeleuchtete Leinwand entspricht der Bühne mit geschlossenem Vorhang. Licht an heißt «Vorhang auf, das Spiel beginnt».

Spiel, Musik und Licht bieten so viele Überraschungen für den Zuschauer, daß er manchen Schnitzer nicht bemerkt, der uns unterläuft. Denn er sieht ja das Stück zum ersten Mal. Was für uns ein «Fehler» ist, ist für ihn oft so gemeint und inszeniert. Also immer ruhig weiterspielen.

The Show Goes On …

Nach einer Aufführung ist das Publikum neugierig, will wissen, wie die Effekte gemacht wurden. Also laden wir dazu ein, hinter das Tuch zu kommen. Manch einer hat gerade Lust bekommen, auch zu probieren, und manchmal entsteht gleich ein «neues Stück». Wir können auch gezielt zum Mitmachen einladen und ein «Mitspieltheater» (vgl.

S. 122) vorbereiten. Der «Rollentausch» zwischen Akteuren und Publikum ist einfacher, als wir glauben. Und ... das Spiel geht weiter.

Kindergeburtstag und Erwachsenenfete

Wie wäre es, wenn wir beim Kindergeburtstag statt des Blinde-Kuh-Spiels ein Schattenspiel arrangieren? Es ist gut, ein Thema vorzubereiten, das verschiedene Gruppen spielen können. Man liest z. B. den Anfang einer Geschichte vor, die dann von mehreren Gruppen zu Ende gespielt wird.

Notwendige Requisiten haben wir bereitgestellt.

Oder wir benutzen das Schattenspiel für Rateaufgaben. Jede Gruppe zieht einen Zettel, auf dem ein Sprichwort steht. Sie hat fünf Minuten Zeit, dieses als Schattenspiel darzustellen. Wer kann es erraten?

Spaß machen auch die «Montagsmaler». Zwei Gruppen. Jede schreibt mehrere Begriffe auf einen Zettel. Diese müssen von Mitgliedern der anderen Gruppe hinter der Leinwand gespielt und von den übrigen geraten werden.

Mit Erwachsenen ist es oft schwieriger als mit Kindern. Wir setzen also niemanden unter Druck, sondern verstehen das Schattenspiel als Angebot, von dem Gebrauch gemacht werden kann. Wir beginnen, indem wir selber etwas spielen, was die anderen zum Weitermachen anregt.

Beifall findet gewiß auch ein «Schattenmenü», wie es uns Jo Leonart unlängst servierte.*

Sultan und Diener sitzen als Schattengestalten beim Wein, mit Wasserpfeife und orientalischem Zuckergebäck, inmitten eines herrlichen Palastes mit bunten Glasfenstern, Polstern, durch ein Dia hergezaubert. Plötzlich erscheinen auf der Leinwand (ebenfalls durch ein Dia) die herrlichsten Leckereien, die dem Sultan serviert werden.

Während den Gästen das Wasser im Mund zusammenläuft, erscheint aus der Küche ein «Butler» und serviert eben jenes Essen, was noch auf der Leinwand leuchtet. Und so geht es – im 2. Akt – auch mit dem Bauchtanz. So war ein Märchen wahr geworden.

* Diese Idee stammt von Jo Leonart, Wielandstr. 35, 8500 Nürnberg 90

Oder wie ist es, wenn wir bei einer Fete eine Leinwand und entsprechende Lichtquelle bereitstellen, damit alle zusammen die Disco der tanzenden Schatten spielen und sie auf der beleuchteten Fläche herumwirbeln lassen?

Theater sucht und braucht das Publikum. Da kann es in der Wohnung zu eng werden. Also installieren wir draußen die «Freilicht-Schattenbühne». Wo sonst die Wäsche an der Leine hängt, hat auch unsere Leinwand einen guten Platz. Rechts und links wird noch eine undurchsichtige Wolldecke aufgehängt, und die Schattenbühne ist perfekt. Manche Veranda oder Terrasse ist geradezu ideal. Garagen mit ihren großen Schwingtüren können zum Theater umfunktioniert werden (s. Foto S. 80).

Ob das Publikum nun besser in der Garage oder davor sitzt? Ausprobieren!

Wenn es an einem lauen Sommerabend schließlich richtig dunkel geworden ist, geht das Spiel los. Je heller die Lichtquelle, um so früher können wir anfangen. Die Stereoanlage ist schon aufgebaut, entsprechende Platten liegen bereit. Die Musik macht die Stimmung. Wir tanzen am Tuch entlang, um das Tuch herum. Die Schatten albern herum, äffen nach, experimentieren, verschiedene Ideen kommen zusammen. Ab geht die Post.

Zur Vorbereitung gehört hier, daß man unterschiedliche Musik heraussucht und bereithält. Nicht immer herrscht die richtige Stimmung fürs Spielen. Also brauchen wir auch hier das oben schon genannte «Fingerspitzengefühl».

Eines jedoch ist sicher: Viel öfter, als wir glauben, macht diese Art Spiel Spaß.

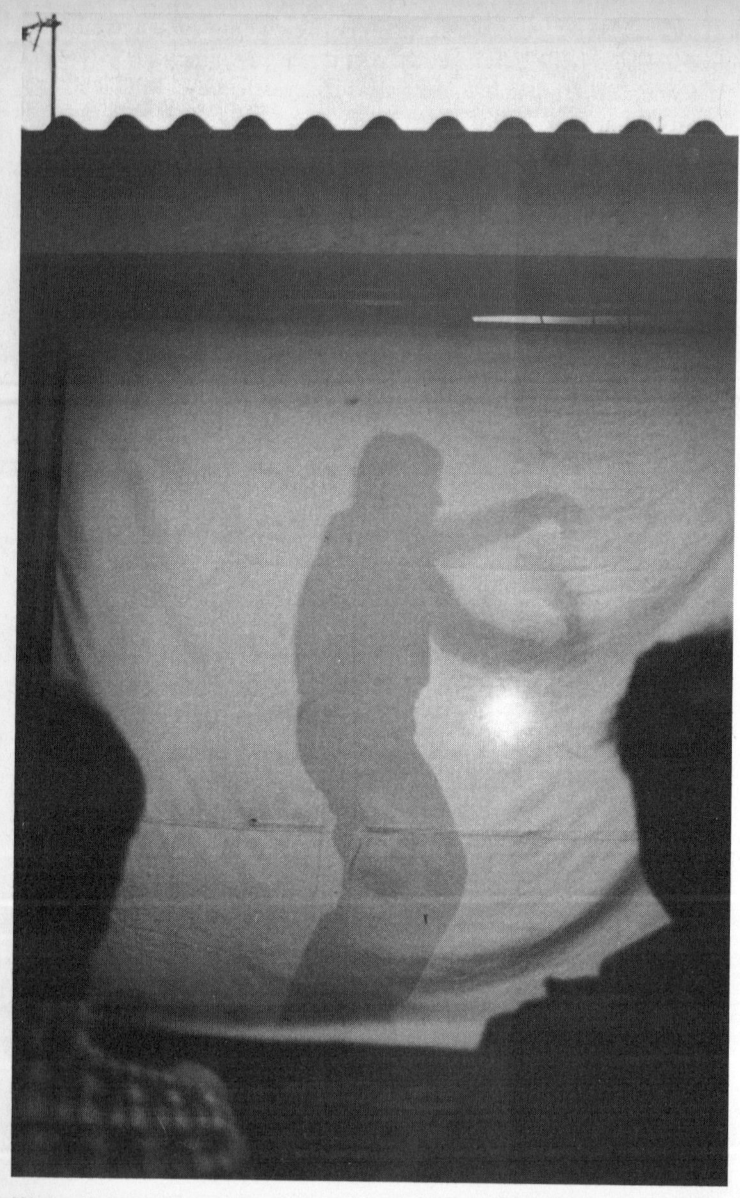

Wenn die Dämmerung fällt, ist auch die Garage als Spielraum zu nutzen

Teil 3:

Das Menschenschattenspiel in der Pädagogik

Von Gerd Haehnel und Florian Söll

Kapitel 6

Lernchancen: Möglichkeiten, Absichten, Ziele

Wenn in der Pädagogik, besonders in der Lehrerausbildung, davon die Rede ist, was mit der unterrichtlichen Arbeit erreicht werden soll, ist schnell das Wort «Lernziel» auf dem Tisch. Und professionelle Pädagogen wissen hiervon ein trauriges Lied zu singen. Lernziele – das bedeutet steife, schematische Formulierungen und eine merkwürdig abgehobene Sprache, wie sie in den letzten zwanzig Jahren in die Lehrpläne Einzug gehalten hat. Deshalb haben wir über dieses Kapitel nicht «Lernziele» geschrieben, obwohl es so heißen könnte, sondern «Lernchancen».

Viele der Lernprozesse laufen in der Praxis gleichzeitig ab, sind miteinander verwoben und nicht so deutlich voneinander zu unterscheiden, wie das im folgenden aufgrund unserer Darstellung erscheinen mag.

Im übrigen: Jede Gruppe, jeder Gruppenleiter, jeder Lehrer, jeder Therapeut, wird eigene Schwerpunkte setzen.

Schattenspiel in der Gruppe: Welch ein Theater

Alles redet durcheinander, und man kommt mit den Proben nicht voran. Jedes Mal bedient jemand anders die Technik, und auch das Ergebnis ist jedesmal anders. Was kam eigentlich beim letzten Mal an der Stelle, wo die Musik leiser wird? Vielleicht brauchen wir doch einen Regisseur und ein «Drehbuch». Wer macht die Ansage, und sollte man nicht doch einmal ein Theater besuchen, um zu lernen, wie die Schauspieler sich bewegen, wie sie sprechen? Und spätestens wenn nach der Aufführung die Zuschauer begeistert «Zugabe» klatschen, weiß man, daß man doch nicht an alles gedacht hat.

Theater – gleich welcher Art – bleibt nicht mit sich allein. Das Spiel mit den Schatten macht da keine Ausnahme. Die Akteure müssen sich verständigen, Absprachen treffen, sich helfen, einander loben und kritisieren.

Die Leinwand provoziert eine spezifische *Verständigung* der Beteiligten: Die Spieler bewegen sich gemeinsam in einem Raum, doch das Ergebnis ihrer Bemühungen wird an anderer Stelle, auf der Leinwand, für den Zuschauer sichtbar.

So wie die Schauspieler darauf achten müssen, einander nicht zu verdecken, um für das Publikum sichtbar zu bleiben, müssen die Schattenspieler die Abbildungseffekte beachten. Das ist bisweilen gar nicht so einfach, weil die Abbildungsrichtung auch noch an den verschiedenen Orten der Spielfläche unterschiedlich sein kann.

Der Spieler muß nicht nur seinen Ausdruck steuern, sondern auch sein Abbild und das seiner Mitspieler. Dabei spielen die Hinweise der Gruppe eine große Rolle. *Voneinander und miteinander zu lernen wird zur Notwendigkeit.*

Werden noch verschiedene Spielebenen (z. B. auf dem Projektor und direkt vor der Leinwand) miteinander verknüpft, wird *Koordination* unumgänglich. Dadurch, daß Ergebnisse vor und hinter der Leinwand sich völlig unterscheiden, ist das Gespräch mit den Zuschauern wichtig. Natürlich braucht Schattentheater – wie jedes andere Theater – Organisation. Die Arbeitsteilung erfordert Verständigung. Licht, Leinwand, Akteure, Musik, Requisiten ... bilden einen Organismus, in dem die einzelnen Organe aufeinander angewiesen sind. Wer die richtige Taste des Cassettenrecorders für die Musik im richtigen Augenblick drückt, gehört genauso dazu wie der Spieler. Und: ALLE sind HINTER der Leinwand.

Chancen

Wie kaum ein anderes Medium bietet das Schattenspiel die Chance, Fähigkeiten und Einstellungen des einzelnen ganzheitlich, d. h. bezogen auf Körper, Gefühl und Intellekt, weiterzuentwickeln. Je nach Praxisfeld unterschiedlich wird man eine andere Gewichtung und Intensität in den Zielsetzungen vornehmen. So mag es etwa im Sportunterricht um eine generelle Förderung der Bewegungsfähigkeit gehen, während es in der Arbeit mit Sonderschulkindern vielleicht auf das Training bestimmter motorischer Fähigkeiten ankommt oder in der Selbsterfahrungsgruppe auf das Ausagieren von bestimmten Gefühlen.

Vom Schatten zur Persönlichkeit

Das richtig angeleitete aktive Spielen mit dem Schatten schafft Freiräume, die zu einer Förderung der Ich-Stärke führen können: Plötzlich klatscht eine ganze Gruppe, weil jemandem hinter der Leinwand zur Musik eine besonders lustige Bewegung gelungen ist. Gerade schwache Schüler haben hier oft *Erfolgserlebnisse*, die ihnen wieder Mut geben. Auch führt das ständige Beobachten der eigenen und fremden Aktionen dazu, daß die sinnliche Wahrnehmung geweckt, gefördert und bewußt gemacht wird: beim Akteur und auch beim Zuschauer. Das Schattenbild läßt zudem Störendes verschwinden: Wir erkennen zwar noch lockiges oder glattes Haar, aber kein blondes oder braunes mehr. Schamröte oder Blässe, die Farbe der Kleidung, ein schielendes Auge, Pickel – solche individuellen Merkmale, für manchen ein Problem, werden nebensächlich. Unterschiedliche Körpergröße kann durch entsprechende Anordnung vor der Lichtquelle sogar ins Gegenteil verkehrt werden ...

Durch solche Effekte ist es möglich, neue Erfahrungen zu machen. Welche Rolle eine(r) spielen kann, hängt nicht so direkt von der individuellen Erscheinung ab. Dadurch wird es leichter, *sich und die Mitspieler «anders» zu erleben.*

Der Winterschlaf ist vorbei, Ihr künstlerischen Fähigkeiten!

Das Schattenspiel eignet sich besonders, um die *Ausdrucksfähigkeit* des einzelnen zu fördern, seien es nun der freie Ausdruck ganz allgemein oder ein bestimmtes Darstellungsvermögen.

Bewegt Euch!

Es ist oft leichter, sich alleine oder in einer Kleingruppe hinter der Schattenleinwand zu bewegen als im freien Raum, denn durch die nur zweidimensionale Abbildung bleibt eine gewisse Anonymität gewahrt: Man erscheint nur als Abbild, nicht aber als wirkliche Person. Auch wirken beim Schattenspiel schon sehr einfache und eher unkontrollierte Bewegungen schnell attraktiv. Übungen (z. B. Führen und Folgen), wie sie etwa aus dem Bereich der rhythmischen Erziehung bekannt sind, werden z. B. durch den Einsatz verschiedenfarbiger Lichtquellen spannend. (s. S. 66, vgl. auch Raschke 1981)

Was heißt hier unmusikalisch?

Seit jeher gehören «als menschliche Verhaltensweisen ... Musik, Sprache und tänzerische Bewegung zusammen.» (Hörmann 1978, S. 54/55)

Warum nicht einmal eine Musik durch ein Menschenschattenspiel interpretieren?

Das bedeutet für die Spieler, daß sie sich mit Musik sehr intensiv auseinandersetzen, aber anders als in dem oft negativ erlebten kognitiv ausgerichteten Musikunterricht. Ja, ein solch lustvolles Erlebnis, wie es das Schattenspiel zur Musik darstellt, kann das Interesse dafür wecken, sich das Musikstück genauer «anzuschauen» und auch zu analysieren bzw. sich über die Hintergründe zu informieren.

Wieviele Pädagogen beschweren sich darüber, daß die heutige Jugend nicht mehr für «klassische Musik» zu begeistern sei! Aber, wo hätte die Begeisterung denn herkommen sollen? Doch nicht von den perfekten Massenmedien ihrer Kindheit! Und doch auch nicht aus den in veralteten Zwängen verharrenden Kultstätten der sogenannten ernsten Musik. Und doch wohl kaum aus einem an den Schülerinteressen vorbei planenden traditionellen Musikunterricht, gegen dessen Langeweile die Schüler sich mit Recht wehren!

Beim Schattenspiel zur Musik erwacht das Interesse beim Spieler und beim Zuschauer. Da wird auch «klassische Musik» als etwas Spannendes erlebbar, das das Leben bereichern kann. Da wird auch der «Unmusikalischste» musikalisch, da findet er zum Selbstvertrauen im Umgang mit der Musik zurück, da baut er Hemmungen ab und wird sensibel. Und wird die Musik dann auch noch «live» gespielt, dann findet beim Spieler nicht nur eine einseitige Reaktion statt, sondern es kommt häufig zur Kommunikation mit den Musikern.

Zum Schreiben gehört Begabung, oder?

Wann wird im Alltagsleben oder in der Schule mit Freude geschrieben? Schreiben sei langweilig, nicht jeder sei begabt zum Schreiben, dies hört man häufig als Begründungen. Wer aber einmal erlebt hat, wieviel Begeisterung beim «Schreiben im Kreis» entsteht, einer Schreibform etwa, bei der jedes Gruppenmitglied den Beginn einer Geschichte notiert, um dann die Arbeit eines beliebigen Mitschreibers fortzusetzen, wer einmal erlebt hat, wieviel Kreativität frei wird, wenn man anschließend gemeinsam versucht, das originellste Ergebnis in ein Schattenspiel umzuschreiben, der weiß, daß JEDER Wichtiges und Lesenswertes mitzuteilen hat, wenn man ihm nur Mut dazu macht. (Gute Hinweise dazu bei Kasper o. J.)

Jetzt wird's künstlerisch!

Für das Auge gibt es viel zu *beobachten*. Auf der Projektionsfläche zeigt sich ein Bild, das durch etliche Faktoren bestimmt wird: Lichtstärke, Farbe des Lichts, Schärfe des Schattens, Requisiten, Bewegungen ...

Die *künstlerischen Effekte* sind vielfältig. Eine Hauptrichtung ist die der Verfremdung. Die flächigen Abbildungen, die Reduktion (s. S. 39) der Farbigkeit sind Schritte in diese Richtung. Durch die Projektion können – wie in den Abschnitten «Schattenspender», S. 48, und «Kleine Spielideen», S. 68, näher ausgeführt – die Dimensionen der Objekte völlig verändert werden: Ein Schlüssel, der auf dem Tageslichtprojektor liegt, erscheint auf der Leinwand riesig. Er kann mit

Dingen und Personen in einen neuen Zusammenhang gebracht werden. Das Schattenbild vieler Dinge gewinnt darüber hinaus häufig eine *symbolische Bedeutung*. Die Frage, was gemeint ist, stellt sich schnell. Es ergibt sich die Möglichkeit einer besonderen Art der Collage. Der Schatten eines Spielers kann sich in einem projizierten Bild eines Dias bewegen. Gegenstände, Personen, Zeichnungen auf einer Folie – vieles läßt sich miteinander kombinieren. Es entsteht eine Atmosphäre *experimenteller Gestaltung*, welche neue Erfahrungen ermöglicht, wenn die Effekte in Gesprächen erschlossen und verfügbar gemacht werden.

Dazu viele *gestalterische* Aufgaben: Bühne aufbauen, Requisiten anfertigen, «Kulissen» gestalten, Folien für den Tageslichtschreiber malen, den Einsatz von farbigem Licht planen: Welche Farbtöne miteinander mischen? Das Plakat für die Aufführung entwerfen, Programm lay-outen. Alles Fragen künstlerischer Gestaltung, die sich aus der Sache notwendig ergeben: Lernanlässe. Und Aktivitäten zudem – so unterschiedlich, daß nicht nur die «Künstler» zum Zuge kommen.

Kann man beim Schattenspiel auch etwas «Richtiges» lernen?

Wem das bisher Gesagte nicht reicht, wer meint, zum Lernen gehörten auch «richtige» Inhalte, Wissen, der sei beruhigt: Beim Schattenspiel als Unterrichtsgegenstand gibt es auch das. Zum Beispiel:

Für den Physiklehrer: Für diesen ist das Menschenschattenspiel eine wahre Fundgrube. Wie kommen die Lichteffekte zustande? Wie kann man die Farben verschiedener Lampen miteinander mischen? Wie läßt sich ein Regenbogen erzeugen? Welche Abbildungsgesetzmäßigkeiten kann man sich nutzbar machen? Unter welchen Umständen lassen sich trotz zweier Lichtquellen Doppelschatten vermeiden?

Für den Geschichtslehrer: Warum soll man nicht einmal (nach einer Schattenspielaufführung) die Geschichte des Schattenspiels und seine unterschiedlichen Funktionen ansprechen?

Für den Biologielehrer Wie reagieren Schüler, wenn die Biologiestunde mit dem riesigen Schatten eines Blattes an der Wand beginnt? Und wer errät, von welchem Baum welches Blatt stammt?

Kapitel 7

Beispiele

Tips & Tricks

Wer das Spiel mit dem menschlichen Schatten pädagogisch einsetzen will, muß vor allem die Anfangsphase, die Einführung in das neue Medium, gut vorbereiten. Mag die Arbeit später auch noch so anregend und faszinierend sein, zunächst wird man vor allem auf Ängste, Unsicherheiten und Hemmungen stoßen. Diese sind verständlich. Wer hat in unserer körperfeindlichen Gesellschaft schon gelernt, sich zu bewegen, und noch dazu, wenn andere zuschauen. Nie vergessen werde ich (Gerd Haehnel) die Äußerung einer erwachsenen Teilnehmerin nach einem Schattenspielseminar: «Ich hatte immer den Eindruck, das Licht beobachtet mich; aber im Laufe der Zeit ist das weggegangen. Ich habe gegen das Licht zum erstenmal in meinem Leben bestanden.»

Daher ist es – wie gesagt – wichtig, vor allem die Anfangsphasen sorgfältig und behutsam zu planen. Aber auch im weiteren Verlauf muß man für mögliche Störungen sensibel bleiben.

Im folgenden machen wir einige Vorschläge für die Einführung in das Menschenschattenspiel. Diese sind hier nach Altersstufen sortiert, können zum Teil aber auch für andere Altersstufen verwendet werden.

Für die weitere Arbeit der Gruppen können keine Rezepte gegeben werden. Auch bei uns hat sich das von Mal zu Mal verändert. Solche Vorschläge zu machen, würde den experimentellen und phantasieanregenden Möglichkeiten dieses Mediums widersprechen. Wir wollen unsere Erfahrungen weitergeben und damit zu eigenen Erfahrungen anregen, die abhängig von Ihren Bedingungen selbstverständlich andere sein werden.

«Musik hat eine bewegungsauslösende und bewegungssteuernde Wirkung.»

«Die musikalische Erlebnis- und Ausdrucksfähigkeit des Menschen kann insbesondere durch die *ganzheitliche* (d. h. hier: ganzkörperliche) Auseinandersetzung mit Musik gefördert und intensiviert werden.» (Schaefer 1982, S. 10)

Was in diesen beiden Zitaten zum Ausdruck kommt, ist das Konzept der «fördernden Wechselwirkung von Musik und Bewegung». Dieses war für mich (Gerd Haehnel) die Grundlage, als ich an der Folkwang-Musikschule in Essen im Rahmen der rhythmischen Erziehung mit Kindern des dritten und vierten Schuljahres Menschenschattenspiele machte.

Aus der Schattenspielarbeit der schwedischen Freinet-Lehrerin Beth Adams-Ray (Fotos: Sten-Axel Kjellgren)

Im Konzept der «fördernden Wechselwirkung von Musik und Bewegung» haben beide gleichberechtigte, einander ergänzende Funktionen, wobei das Schattenspiel nach meiner Erfahrung eine ideale Verbindung zwischen beiden ermöglicht.

Die acht bis zwölf Kinder kamen einmal die Woche für fünfundvierzig Minuten. Zur ersten Stunde hatte ich das Tuch in der Mitte des Raumes gespannt. Es wurde von einem Tageslichtschreiber angestrahlt. Die Kinder kamen herein, wir begrüßten uns, und dann schauten sie sich neugierig die Schattenleinwand an und probierten ein wenig mit ihren Schatten herum.

Wenige Minuten später stellte ich die Musik an, eine Sequenz verschiedener Tänze mit starkem Aufforderungscharakter zur Bewegung. Die Kinder tanzten im ganzen Raum umher, mal vor, mal hinter dem Tuch, und so hatten sie bald alle ihre ersten Schattenerfahrungen gesammelt. Nach etwa fünf Minuten unterbrach ich, wir ruhten uns ein bißchen aus, sprachen über das Erlebte und begannen ein Kennenlernspiel, bei dem jedes Kind zum erstenmal allein hinter der Leinwand verschwand und kurz seinen Schatten vorstellte. Zum Abschluß machten wir eine Schattenpolonaise (vgl. S. 62).

In den nächsten Stunden saß ich zu Beginn auf einer Bank am Rande des Gymnastikraumes, in der Mitte hing das Tuch, welches von einem oder zwei Tageslichtschreibern angestrahlt wurde. Die Kinder kamen nach und nach einzeln herein.

Bis zur vierten Stunde hatten einige noch Hemmungen – vor allem, wenn sie allein oder nur wenige im Raum waren.

Nach und nach wurde die Anfangsphase immer munterer, und die Kinder entwickelten dabei immer neue Ideen: Sie spielten um das Tuch herum Verstecken und Nachlaufen, «fingen» ihre eigenen und fremden Schatten, wurden zu schrecklichen Monstern usw. Somit mußte die sich anschließende, als Aufwärmung gedachte Phase häufig dazu dienen, wieder zur Ruhe zu finden.

In den folgenden Stunden erarbeitete ich mit den Kindern verschiedene Techniken des Schattentheaters (vgl. S. 62f.). Sodann lernten wir unter anderem unsere Bewegungen selber zu beobachten und mit Hilfe der Gruppe einzuschätzen («für diese Musik zu rund, zu eckig» usw.) und übten, unsere Bewegungen zu koordinieren, etwa mit der «Schattenstraßenbahn» (s. S. 64) oder beim «Führen und Folgen mit farbigen Schatten» (s. S. 65).

Die Kinder und auch ich (Gerd Haehnel) hatten dabei mehr Spaß als bei entsprechenden Musik-Bewegungsübungen ohne Schatten, die Kinder waren mit großem Eifer bei der Sache.

Das Medium Schattenspiel hat von sich aus bei diesen Grundschulkindern ein weit stärkeres Interesse geweckt, als ich es bei älteren und jugendlichen Erwachsenen gefunden habe. Trotz anfänglicher Hemmungen dominierte bald das Schatten*spiel*.

... mit Schülern der Sekundarstufe I

Viele Pädagogen erleben ihre Schüler als «verhaltensauffällig», «lern- und leistungsgestört», sie finden, daß die Schüler eine «undifferenzierte Wahrnehmungsfähigkeit und -bereitschaft» sowie eine «eingeschränkte emotionale Ausdrucksfähigkeit» haben.

Viele Schüler erleben die Schule als leistungsfordernden Moloch, der auf ihre Gefühle und Bedürfnisse keine Rücksicht nimmt und zudem für die Zukunft nichts als Gegenleistung für gegenwärtige Anstrengung bieten kann.

Ohne Rücksicht auf Gefühle werden auch jene Fächer unterrichtet, von denen man es eigentlich anders erwarten müßte, wie z. B. der Musikunterricht.

Es erscheint nur «konsequent, wenn die Schüler angesichts der Verweigerung der Schule, sogar des Musikunterrichts, ihren affektiven Bedürfnissen beim Lernen Rechnung zu tragen, zur Kompensation in die Bewußtlosigkeit schrankenlosen Musikkonsums, im äußersten Fall in Alkohol und Drogenmißbrauch flüchten» (Pütz 1978, S. 33).

Alkohol- und Drogenmißbrauch von Schülern sind nicht allein der Schule und schon gar nicht einem nur sachorientierten Musikunterricht anzulasten.

Es gibt schon länger Ansätze, die Hilfe versprechen. Für den Musikunterricht hat z. B. Pütz ein Konzept entwickelt, das – wie ich (Gerd Haehnel) finde – in all seinen Aspekten sowohl dem Medium Musik wie den Bedürfnissen der Schüler gerecht wird.

Pütz will helfen, einen Freiraum zu schaffen, in dem die Schüler ihr emotionales Ausdrucksvermögen, ihre sinnliche Wahrnehmung, ihre soziale Kontaktfähigkeit und ihre Ich-Stärke weiterentwickeln können. Diese Fähigkeiten sind «wesentliche Voraussetzungen, um Kunst überhaupt angemessen aufnehmen zu können» (Pütz 1979, S. 199), eine Beziehung zur Musik aufzubauen und auch Interesse für die intellektuelle Beschäftigung sowie einen kritischen Umgang mit Musik zu finden.

Gerade zum Erreichen dieser Ziele ist unserer Erfahrung nach das Menschenschattenspiel, und zwar nicht nur, weil es gewöhnlich mit Musik verbunden ist, besonders dienlich.

Das Menschenschattenspiel läßt sich meiner Einschätzung nach gut bis Klasse 8 einführen.

Vor Beginn der Stunde hat der Lehrer die Leinwand aufgebaut und davor die Stühle für die Zuschauer plaziert. Die Schüler kommen in die Klasse und fangen an zu rätseln, was das wohl zu bedeuten hat.

Nachdem alle Platz genommen haben, erläutert der Lehrer das Unterrichtsvorhaben, schaltet den Tageslichtprojektor an und bittet Freiwillige hinter die Leinwand. Der Lehrer gibt Hilfen, um die Hemmungen zu überwinden: «Man sieht ja nur eure Schatten» – «Bildet einfach mal eine Schlange und geht hinter der Leinwand durch, winkt mit euren Armen, ich zeige euch die ‹Hydra›» (vgl. S. 64).

Wünschenswert ist es, daß in dieser Phase möglichst alle Schüler ohne Zwang einmal hinter der Leinwand waren.

Anschließend wird kurz reflektiert: Was ist aufgefallen? Vielleicht, daß die Schatten immer größer und unschärfer werden, wenn man von der Leinwand weggeht? Der Lehrer macht es noch einmal vor. Oder daß man seinen eigenen Schatten während des Spiels beobachten und dadurch steuern kann?

Je nach Stimmung zeigt der Lehrer nun ein oder zwei «Schattentricks», oder er spielt mit den Fingern am Projektor. Die Schüler sollen so einige grundlegende Möglichkeiten des Schattenspiels kennenlernen, damit sie anschließend Eigenes probieren können.

Schließlich bewegen sich einige «mutige Schüler» zur Musik. Das sollte möglichst ihre eigene sein, da diese ihnen am vertrautesten ist.

Die Stunde schließt mit einer freiwilligen Hausaufgabe: Überlegt euch einmal eine kleine Aufführung zu einem Musikstück.

Meistens sind die nun folgenden Stunden kein Problem. Die Schüler sind richtig wild darauf, IHRE Stücke vorzuspielen, und es ist für mich immer erstaunlich, welche Kreativität dabei zum Vorschein kommt.

Ist das häusliche Interesse mal geringer, kann man «Wandschattengruppen» (vgl. S. 65) bilden, wobei alle eine Bewegungsimprovisation zum gleichen Musikstück finden sollen. Hierbei ist es nun günstig, vorher gemeinsam die musikalische Struktur eines Stückes zu erarbeiten, vor allem dann, wenn es den Schülern unbekannt ist. Requisiten dürfen nicht fehlen, aber da sind die Schüler oft sehr einfallsreich. Nach den Aufführungen sollte man vor allem auf konstruktive Kritik durch die Schüler achten, hierbei können sie (und der Lehrer) viel lernen. Auch sollte man als Lehrer nun immer wieder auf die verschiedenen Gestaltungsmöglichkeiten durch das Schattenspiel (was etwa die Farbe, Hintergrundfolien usw. angeht) hinweisen und diese einbauen. Hat man die Möglichkeit zu Videoaufnahmen, sollte man das nutzen.

Das erste Interesse am Schattenspiel wird nach einiger Zeit erlahmen, wenn man nicht auf eine Aufführung hinarbeiten kann. Allerdings ist es meistens schwierig, so etwas mit der ganzen Klasse als Fachlehrer zu realisieren: Das gemeinsame Proben erfordert viel Disziplin und Geduld, die nicht alle Schüler aufbringen.

Daher ist es günstig, mit den interessierten Schülern eine Arbeitsgemeinschaft zu bilden. Vielleicht gibt es an der Schule auch ein Orchester, mit dem man zusammenarbeiten kann. Eine Schattenspielaufführung mit Livemusik ist immer noch am beeindruckendsten.

Was haben die Schüler nun bei einem solchen Projekt gelernt? Nun, sie haben das Schattenspiel kennengelernt, ein Stück weit ihre Hemmungen bei der Umsetzung von Musik in freie Bewegung abgebaut, sich als Akteure vor einem Publikum erlebt, Musikstücke auf ihren Aufbau und ihre Umsetzungsmöglichkeiten in Bewegung hin analysiert; sie haben miteinander kooperiert, ihre Wahrnehmung geschult, selber kleine Schattenspielstücke entwickelt und sind schließlich vielleicht sogar zu einer Aufführung gelangt.

«Liebe aus dem Weltall»

Ich (Florian Söll) arbeitete mit einer Theatergruppe der Hauptschule Hagem in Datteln. Es waren Hauptschüler der 9. und 10. Klasse. Wir wollten ein Stück schreiben. Wir hatten uns auf das Thema und darauf geeinigt, daß es eine Science-Fiction-Story mit etwas Liebe und witzig sein sollte. Ich wollte, daß die Charaktere des Stückes möglichst nahe an die Erfahrungen der Schüler «angelehnt» sind.

Nun saßen wir im Kreis. Wir legten fest, welche Personen in dem Stück vorkommen sollen. Dann verteilten wir provisorisch die Rollen und stellten uns die Situation der 1. Szene vor.

Vor mir stand die Schreibmaschine. Die Schüler begannen im Sinne ihrer Personen miteinander zu sprechen. Ich tippte diese Dialogteile sofort in die Maschine. Wieder und wieder wurde der Dialog vorgele-

(Bitte lesen Sie weiter auf S. 114)

Liebe aus dem Weltall

Personen:

Vater etwas mürrischer Familienvater, Fußballfan
Mutter Hausfrau, treusorgend, mit Verständnis für ihre Tochter
Doris die Tochter, Schülerin, geht gerne in die Disco
Polizist korrekter Beamter, etwas ängstlich und umständlich
Samira Wesen aus dem All, freundlich und streng
Hirni Wesen aus dem All, etwas langsam

Man kann natürlich auch ganz andere Charaktere festlegen und sollte dabei an die Möglichkeiten der Gruppenmitglieder denken.

Tips & Tricks

1. Szene

Die Familie beim Abendessen.
Während der Eingangsmusik sieht man zunächst nur den Tisch und die Stühle. In der Ecke steht der Fernsehapparat. Eine Folie auf dem Tageslichtschreiber gibt den Titel des Stücks an. Die Mutter beginnt, den Tisch zu decken. Wenn die Musik ausklingt, ruft sie zum Essen.

Mutter: Essen, das Essen ist fertig!
Vater und Doris kommen an den Tisch und setzen sich. Alle beginnen zunächst schweigend zu essen.

Doris: Ach ja, ich habe heute eine Mathearbeit wiedergekriegt.

Mutter: Na und?

Vater: Was hast du denn?

Doris: ’ne Sechs.

Vater: *aufgebracht* ’ne Sechs, wie kommt das denn? Zeig mal das Heft her!
Doris reicht ihm wortlos das Heft

Personen und Situationen sollten von der Erfahrungswelt der Spieler ausgehen.

Die weiblichen Figuren sollten die Initiative ergreifen.

Die 1. Szene dient vor allem als Ausgangssituation für die folgende Handlung. Sie könnte inhaltlich auch ganz anders gestaltet werden.

Mutter: Das kommt davon, wenn du dauernd unterwegs bist.

Doris: Ach, laßt mich doch in Ruhe! Ich schaff das schon.
Kurz darauf steht sie auf.

Mutter: Wo willst du hin?

Doris: Du weißt doch, daß ich heute weg will.

Vater: Das ist doch die Höhe. Schreibt 'ne Sechs und will schon wieder los!

Mutter: Ach, davon wird's auch nicht besser.

Doris: Ich lern ja auch vor der nächsten Arbeit. Aber jetzt brauch ich erst noch etwas Moos für heute abend.

Vater: *zögert erst* Hier hast du fünf Mark.

Doris: Fünf Mark nur?!

Mutter: Jetzt sei mal zufrieden.

Doris: Ich geh dann. Übrigens, wie lange darf ich denn?

Vater: Um halb zehn bist du zu Hause. Aber keine Minute später.

Doris: So früh schon?

Mutter: Ja, so früh schon! Um halb zehn bist du hier! Bei der schlechten Arbeit.
Doris geht ab. Mutter räumt den Tisch ab. Vater schaltet den Fernsehapparat ein. Man hört die Geräusche der Übertragung eines Fußballspiels. Vater gestikuliert und kommentiert lautstark das Spiel. Nachdem sie Vater ein Bier gebracht hat, setzt sich die Mutter nach einiger Zeit dazu und strickt.
Plötzlich wird die Übertragung des Fußballspiels unterbrochen.
Vater ärgert sich darüber und ist zugleich verwundert.
Zwei Sprecher machen eine Durchsage (vorbereitete Tonbandkassette)

Der Text von Vater und Mutter ist hier völlig offen.
Das ergibt sehr schöne Variationen.
Die Bierflasche spielt später noch eine wichtige Rolle.

1. Sprecher: *Wir unterbrechen die Übertragung für eine wichtige kurze Durchsage.*

2. Sprecher: *Achtung, Achtung! Soeben erhalten wir von der Nachrichtenredaktion die Meldung, daß sich ein unbekanntes Flugobjekt der Erde nähert. Nach den bisherigen*

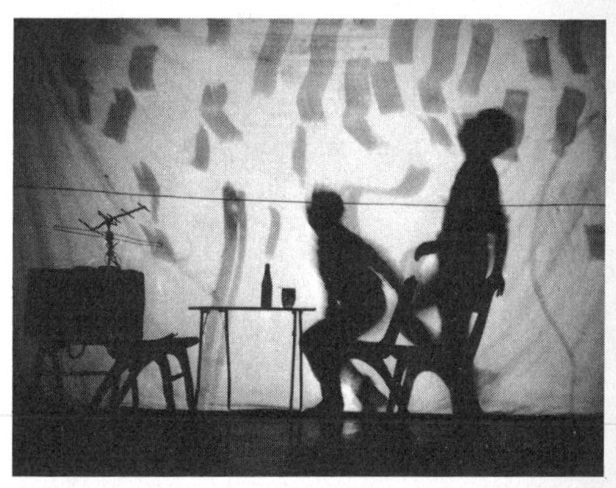

Berechnungen wird es in wenigen Minuten im Stadtgebiet von ...... landen. Bitte, bewahren Sie Ruhe. Halten Sie Fenster und Türen geschlossen und warten Sie auf weitere Anweisungen.
Ich wiederhole ......

Hier kann der jeweilige Name des Ortes verwendet werden, in dem das Stück aufgeführt wird.

Mutter: Ach, du lieber Gott. Und jetzt ist Doris unterwegs. Wenn ihr nur nichts zustößt!
Vater: Reg dich nicht auf! Das ist bestimmt blinder Alarm.
Mutter: Aber wenn das nun doch wahr ist?!
Man hört das Geräusch eines UFOs. Das Licht verändert sich. Die Eltern schauen sich ängstlich um. Sie flüchten. Schließlich lautes krachendes Geräusch. Das Licht geht für kurze Zeit aus. (Eventuell das Tuch von vorn beleuchten.)

Es gibt viele Möglichkeiten, die Landung des Raumschiffs darzustellen. Wir schalteten kurz das Licht aus, legten die Folie auf und ließen währenddessen ein Stroboskop von vorn die Leinwand anblitzen.

2.Szene

Das Raumschiff im Wohnzimmer
Auf den Tageslichtprojektor wird eine Folie gelegt, die das Raumschiff darstellt, kombiniert mit einer roten Folie. – Licht an. – Man sieht das Raumschiff im Zimmer. Im Raumschiff sind zwei Personen: Samira, die Chefpilotin, und Hirni, ihr Co-Pilot.

Die weiblichen Rollen sollten hier dominieren.
Samira als souveräne Chefpilotin und Doris als selbstbewußte und aufgeschlossene Schülerin.
Hirni ist dagegen relativ traditionell gedacht.

Samira: *Untersucht zunächst im Raumschiff die Instrumente. Beide sehen neugierig zum Fenster ihres Raumschiffes hinaus.*
Melde: Temperatur: normal. Beleuchtung: schwach. Luftfeuchtigkeit: normal. Bitte, steigen Sie aus und beginnen Sie mit der Untersuchung.
Hirni: *steigt aus und schaut sich vorsichtig um. Er ist mißtrauisch. Er beginnt schließlich einige Gegenstände näher «unter die Lupe zu nehmen». Er klopft auf den Tisch ...*

Für diese «Untersuchung» kann man sich natürlich allerlei lu-

Der Schatten bringt es an den Tag …

Melde: Sehr stabil! Geht nicht kaputt. *Er hebt den Tisch leicht an und läßt ihn sich scheinbar auf den Fuß fallen. Geschrei.*
Aua!!!!

Samira: *aufgeregt* Was ist los?

Hirni: *verärgert* Ach, nichts. Alles in Ordnung. Ich fahre mit der Untersuchung fort.
Er untersucht verschiedene Gegenstände auf dem Tisch. Dann nimmt er die Bierflasche, schnuppert daran, entdeckt die Flüssigkeit darin. Er nimmt einen Schluck. Er lobt den «Saft».
Hmmm! Gut! *Er wird mehr und mehr betrunken.*

Samira: Was ist los? Was ist los mit dir?

Hirni: *meldet sich nicht sofort*

Samira: *energischer* Bitte sofort melden! Kommen Sie sofort zum Raumschiff zurück.

Hirni: Moment. *Er nimmt noch einen Schluck aus der Flasche, torkelt und sackt über dem Tisch zusammen.*

Samira: Hallo?! *Als keine Reaktion von Hirni kommt, steigt sie aus dem Raumschiff. Sie rüttelt Hirni.* Was ist los mit dir? Ach, du liebe Zeit.
Sie packt ihn und schleppt ihn zum Raumschiff zurück. In diesem Augenblick kommt Doris zurück.

Doris: Mensch, Leute, was ist denn hier los? Was ist denn das für ein Ding?
Sie sieht sich das Raumschiff genau an, sie betastet es vorsichtig. Plötzlich meldet sich eine Stimme, Samira, aus dem Raumschiff.

Samira: Wer sind Sie? *Doris schreckt zusammen*

Doris: Guten Abend. Ich bin hier zu Hause. Wo sind meine Eltern?

stige Dinge ausdenken, denn Hirni kennt sich mit der Erde gar nicht aus.

Das Erstaunen von Doris ist nicht so leicht zu spielen, denn wer kann sich das schon vorstellen: ein Raumschiff im Wohnzimmer!

Samira: Eltern, was ist das?

Doris: Eltern?! Das ist mein Vater und meine Mutter.

Samira: Mutter, was ist das?

Doris: *zu sich selbst* Sind die noch ganz sauber?
Wer sind Sie denn? Was machen Sie hier? Woher kommen Sie?

Samira: Wir kommen vom Planeten Krümel. Wir untersuchen die Erde. Mein Name ist Samira, mein Co-Pilot heißt Hirni.

Doris: Das ist ja scharf. Ist der Co-Pilot auch hübsch? Darf ich mal ins Raumschiff reinschauen?

Samira: Natürlich dürfen Sie reinkommen. Wie heißen Sie denn?

Doris: Ich heiße Doris.

Samira: Wir laden Sie herzlich ein, mit uns zu kommen.

Doris: Toll! *Sie steigt ein und schaut sich um*
Ist ein bißchen eng hier, fast gemütlich.

Samira: Ja, bitte, machen Sie es sich gemütlich. Schnallen Sie sich an.

Hirni: *kommt zu sich* Ooooh, ein Gast! Wie heißt denn das schöne Fräulein?

Samira: Das ist Doris. Sie will gerne mit uns kommen.

Hirni: Mir geht es schon viel besser, seitdem das Fräulein da ist. Rücken Sie doch näher.

Doris: Ja, gerne!

Hirni: Ich fahre mit der Untersuchung fort. *Er nimmt vorsichtig ihren Kopf und gibt ihr einen Kuß.*

Doris: Ooooooh!

Für viele Jugendliche ist die Darstellung erotischer Situationen recht aufregend.
Es ist wichtig, mit den Spielern darüber zu sprechen.
Ein Kuß kann beim Schattenspiel ja auch vorgetäuscht werden.
Von dieser Möglichkeit machen die Spieler aber dann häufig keinen Gebrauch: Sie küssen lieber «richtig».

Samira: Bitte fertig machen zum Start!
Man hört das Geräusch des startenden Raumschiffs. Wieder starke Veränderung des Lichts. Tageslichtprojektor aus. Licht von vorn. Die Folie wird unterdessen weggenommen. Samira, Hirni und Doris ab.

3. Szene

Die Suche nach Doris

Licht an. Man hört die Mutter zunächst noch von außerhalb.

Mutter: Ach, du liebe Zeit. Doris!!! Doris, wo ist Doris????!!
Vater und Mutter stürzen auf die Bühne.

Vater: Aber ich habe doch gerade noch die Stimme von Doris gehört.

Mutter: Die haben unsere Tochter gefangengenommen und entführt.

Vater: Erzählt nicht so' n Mist.

Mutter: Ja, wo soll sie denn sonst sein?

Vater: Ich verständige sofort die Polizei.
Er nimmt das Telefon und stellt es auf den Tisch. Er wählt. Zweite Lichtquelle, Diaprojektor, an. Man sieht den Kopf des Polizisten. Es klingelt. Er nimmt den Hörer ab.

Polizist: Ja, hier Polizei ... Schutzbereich 1. Guten Abend. Womit kann ich Ihnen helfen?

Vater: Marsmenschen haben unsere Tochter entführt.

Polizist: Sind Sie denn verrückt geworden? Ist das Raumschiff denn noch bei Ihnen? Haben Sie es gesehen?

Vater: Ja, aber wir sind geflüchtet. Gerade in diesem Augenblick muß wohl unsere Tochter zurückgekommen sein. Die haben dann wohl unsere Tochter eingepackt und sind davongeflogen.

Polizist: Nun, dann wollen wir die Sache mal aufnehmen. Bitte, geben Sie eine genaue Beschreibung Ihrer Tochter durch.

Der Polizist sitzt oder steht so, daß, solange nur der Tageslichtschreiber eingeschaltet ist, er für das Publikum nicht zu sehen ist.
Der Diaprojektor ist so aufgestellt, daß das Schattenbild des Polizisten erscheint, wenn das Licht eingeschaltet wird. Der Diaprojektor ist sehr lichtstark. Dadurch erscheint dieses Bild wie eine Einblendung. So können die zwei Handlungen, die an zwei verschiedenen Orten spielen, sinnvoll auf einer Fläche gezeigt werden.

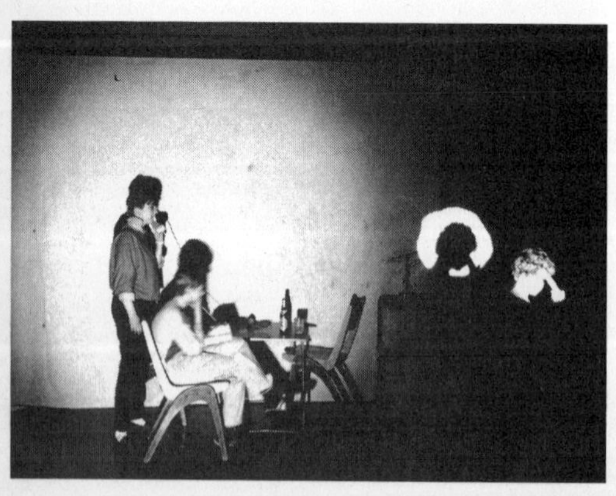

Vater: *zur Mutter* Hier komm mal und beschreibe deine Tochter.

Mutter: Unsere Tochter ist 15 Jahre alt. Sie hat braune Haare, trägt Jeans. Sie ist 1,65 groß. Sie hat wunderschöne blau-grüne Augen.

Polizist: Ich gebe diese Daten jetzt in die Fahndungsliste ein und komme dann sofort zu Ihnen. Machen Sie sich keine Sorgen, wir regeln die Sache schon. Ich bin jetzt in wenigen Minuten bei Ihnen. Auf Wiederhören.

Hier wird der Diaprojektor wieder ausgeschaltet.

Mutter: Auf Wiederhören! *Sie legt auf und schluchzt.*
Auch der Vater setzt sich erschöpft an den Tisch und rauft sich die Haare.
Türklingel

Mutter: Vater, geh du doch mal. Das ist sicher die Polizei.

Vater: Ja, ja, ich geh schon. *Er geht ab und kommt sofort mit dem Polizisten wieder.*

Polizist: Guten Abend. Bitte, zeigen Sie mal, wo Ihrer Meinung nach das Raumschiff gestanden hat.

Mutter: *aufgeregt* Hier, hier! *Sie deutet auf die Stelle.*

Vater: Also, Sie müssen sich das so vorstellen: Als wir uns wieder reintrauten, da startete das Raumschiff gerade wieder. Unsre Tochter ist sicher in dem UFO.

Polizist: Woher wissen Sie denn das?

Mutter: Wir haben aus dem startenden Raumschiff Stimmen gehört, die Stimme von Doris.

Polizist: Sind Sie da ganz sicher?

Vater: Ich kann doch wohl noch die Stimme meiner Tochter erkennen!

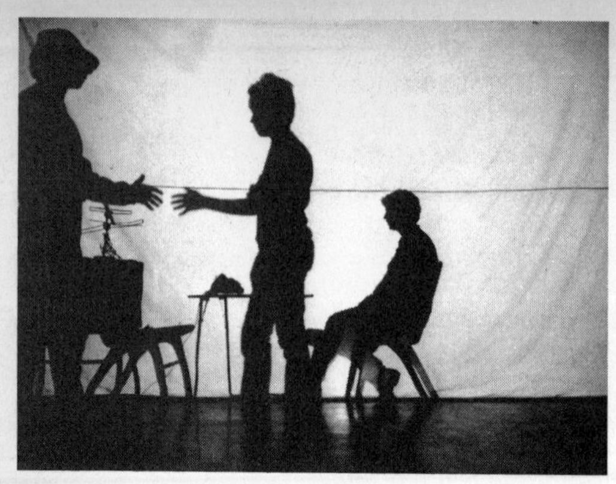

Mutter: *Fängt an zu weinen* Ach, was sollen wir denn jetzt tun? Doris ist weg. Mein armes Kind. Wer weiß, was sie mit ihr machen? Und sie ist doch noch so jung und unerfahren. Sie werden ihr doch hoffentlich nichts antun?!

Polizist: Liebe Frau, beruhigen Sie sich doch. Das werden wir schon regeln. Beginnen wir zunächst mit der Untersuchung der Spuren. *Er tut so, als ob er Fingerabdrücke nimmt.*

Der Rest der Szene sollte möglichst slapstickhaft gespielt werden.

Vater: *ungeduldig* Na, was ist? Können Sie was finden?

Polizist: *Untersucht weiter mit der Lupe, schüttelt den Kopf und sagt zunächst einmal gar nichts* ... leider ist nichts zu finden. *Schließlich entdeckt er die Flasche.* Aaah! Wer hat denn hier getrunken?

Vater: Die Flasche war vorhin noch fast voll.

Mutter: Ich hatte meinem Mann gerade ein Gläschen aus der Flasche eingegossen.

Polizist: *Wie zu sich selbst* Wenn das mal stimmt.
Die Eltern wenden sich einander zu, so, daß die Mutter den Polizisten beobachten kann.

Mutter: *Zu ihrem Mann* Nun mach du doch mal was. Du stehst hier nur rum.

Vater: Was soll ich denn machen? Soll ich vielleicht hinterherfliegen? *Er wedelt dazu mit den Armen.*
In diesem Augenblick nimmt der Polizist heimlich einen Schluck aus der Flasche. Die Mutter sieht das.

Mutter: Das gibt's doch nicht! Sie saufen im Dienst? Unglaublich!

Polizist: *stottert* I ... ich ... bitte ... Sie. Das ... das ... das diente der Spurensicherung.

Vater: *schreit aufgebracht* Sie sollen keine Spuren sichern, und so schon gar nicht! Und sich dabei noch besaufen. Ich will meine Tochter zurück, aber schnell!
In diesem Augenblick hört man wieder leise das UFO-Geräusch.

Mutter: Hörst du? Das UFO kommt wieder.

Polizist: *Fängt an zu zittern* Ach, du liebe Güte! Hilfe! Hilfe! *Er zittert und flüchtet nach Hilfe rufend.*
Der Vater will auch weg.

Die sonst recht lautstarken Männer erweisen sich hier als

Mutter: Hiergeblieben! Es geht doch schließlich um unsere Tochter.
Sie halten einander ängstlich fest und ziehen sich doch immer mehr in eine Ecke zurück. Das Geräusch wird immer stärker.

ängstlich. Das sollte deutlich herauskommen.

Vater: Laß uns abhauen.

Mutter: Wir bleiben hier, wir müssen doch unserer armen Doris helfen.
Wieder starke Veränderung des Lichts. – Licht aus – eventuell wieder ganz kurz Licht von vorn

Tips & Tricks

4. Szene

Mitteilung und Abschied der Tochter

Die Folie mit dem Raumschiff wird wieder aufgelegt. Licht an. Das Raumschiff mit den Raumfahrern und Doris ist zu sehen. Die Eltern stehen zunächst verschüchtert in der Ecke.

Samira: Hier Raumexpedition vom Planeten Krümel. Ihre Tochter hat Ihnen eine wichtige Mitteilung zu machen.

Doris: Vati! Mutti! Es ist wirklich dufte hier im Raumschiff.

Hirni: Das kann man wohl sagen. *Er streicht Doris dabei sanft über die Haare.*

Samira: *Zu Hirni* Halt deine Klappe!

Doris: Ich habe das Angebot bekommen, auf den Planeten Krümel mitzufliegen. Ist das nicht dufte?

Vater: *Zur Mutter* Die spinnt. *Zu Doris* Komm sofort aus dem Ding da raus.

Doris: Ich denk gar nicht dran. Und was ich euch noch sagen wollte:

Die Mutter ist aufgeschlossener als ihr Mann, der die Welt nicht mehr versteht.

Ich hab mich verliebt in Hirni, den Co-Piloten. Was sagst du dazu, Mutti?

Mutter: Na ja, wenn du glücklich bist. Ich würd ja auch ganz gerne ein Stück mitfliegen.

Doris: Ja!!! Komm doch mit, Mutti!

Vater: Das ist doch die Höhe. Seid ihr denn alle verrückt geworden?

Doris: Du sollst nicht immer von dir auf andere schließen. Aber ich muß jetzt wirklich los. Macht's gut! Und auf Wiedersehen!
Das Geräusch setzt wieder ein. Man sieht, wie Doris Hirni einen Kuß gibt.

Vater: Sieh dir das mal an!

Mutter: Hauptsache, sie wird glücklich.
Das Geräusch wird lauter. Lichteffekte. Auf der dunklen Leinwand erscheint zur Schlußmusik ein Text:
Und es verging kaum ein Jahr, da erblickte auf dem Planeten Krümel ein neuer Planetenbewohner das Licht des Planeten.
Und dieser Planetenbewohner sah so aus: – *man sieht einen kleinen Fleck* – Eben wie ein Krümel.
– ENDE –

Achtung: der Text muß lang genug gezeigt werden, damit ihn das Publikum in Ruhe lesen kann. Wir haben ihn in 3 Etappen gezeigt:
1. Bis «... sah so aus»
2. Dann bis: «Eben wie ein Krümel»
3. – ENDE –

Technische Ausrüstung und Requisiten für das Stück:

Im folgenden wird unsere Ausrüstung genannt. Es kann sicherlich auch mit weniger Mitteln gearbeitet werden.

Geräte:

Tageslichtschreiber, Diaprojektor, Kassettenrecorder und Kassette (bei Aufführungen vor einem großen Publikum ist ein Verstärker mit gutem Lautsprecher angebracht), Klingel, Lichtquelle für Licht von vorn (bei uns Stroboskop)

Folien

- eine Folie mit Titeltext
- eine Folie mit Silhouette vom Raumschiff
- eine oder mehrere Folien mit dem Schlußtext

3 Stühle, 1 Tisch, 2 Telefonapparate;
Bierflasche, Bierglas, Geschirr und Besteck für 3 Personen, Fernsehgerät bzw. Gegenstand, der einen Schatten wirft wie ein Fernsehgerät.
Schulheft (für Doris), eventuell Lupe (für Polizisten)

Fortsetzung von S. 94
sen und Satz um Satz erweitert. Die anderen Schüler machten dauernd Ergänzungs- und Veränderungsvorschläge. So wurde der Dialog in Gemeinschaftsarbeit quasi «gestrickt».

Diese Methode hat den Vorteil, daß die Sprache der Schüler in das Stück einfließt und sie später als Schauspieler die Sprache des Stücks auch angemessen mit Leben füllen können.

Es gibt natürlich noch andere Methoden, einen Spieltext mit einer Gruppe zu erarbeiten.

So kann man z. B. auch die Personen einteilen und spontan spielen. Man läßt einen Kassettenrecorder mitlaufen und schreibt nachher die brauchbaren Dialoge von der Aufnahme ab.

Anfangs ist der Rollentausch bei der Erarbeitung der Figuren sehr wichtig, weil verschiedene Charaktere von den verschiedenen Spielern unterschiedlich treffend «herausgespielt» werden.

Das Stück hatte in unserer Version (mit Musik, Vorspann etc.) eine Spieldauer von ca. 20 Minuten.

Da die Theatergruppe aus mehr als zehn Schülern bestand, wurden die Rollen doppelt besetzt. Das hat Vorteile beim Fehlen eines Gruppenmitglieds. Und: die Spieler können ihre Rolle bei einem anderen Spieler beobachten. Das Voneinander- und Miteinanderlernen wird dadurch gefördert.

Die Geräuschkulisse – z. B. für die Landung des Raumschiffs – wurde von den Schülern von Schallplatten zusammengetragen.

Schattenspiele mit Erwachsenen zu Musik: Pavane von Jon Lord

Im Sommer 1984 arbeitete ich (Gerd Haehnel) bei einer internationalen Freinet-Lehrerfortbildung in Belgien zehn Tage mit einer Gruppe, die noch keine Erfahrungen mit dem Schattenspiel hatte. Wir entwickelten spontan zur Musik «Pavane» von Jon Lord Phantasien und beschlossen, auf eine Aufführung für die Teilnehmer der anderen Arbeitsgruppen hinzuarbeiten. Bei solchen Fortbildungen ist es üblich, daß die Kinder der Teilnehmer immer mal wieder in die verschiedenen Arbeitsgruppen hineinschauen, bald aber wieder eigenen Aktivitäten nachgehen. Bei diesen beiden Schattenspielgruppen war das jedoch anders, für die interessierten sie sich sehr intensiv. Eine ungestörte Arbeit war kaum mehr möglich, und wegschicken wollten wir die Kinder auch nicht. So beschlossen wir, sie in die Aufführung zu integrieren.

Das Stück «Pavane» (LP Jon Lord, Sarabande, EMI Electrola 1C 064-97943) von Jon Lord hat eine Dauer von circa 7½ Minuten und ist eine sanfte, aber sehr rhythmische rockmusikalische Bearbeitung eines barocken Tanzes des ehemaligen Deep Purple Keyboarders Jon Lord.

Der erste langsame Teil, der von Streichern und akustischer Gitarre bestimmt wird, wurde von zwei Kindern gestaltet. Das Licht (eines Tageslichtschreibers) ging an, und der Zuschauer sah im linken Teil der Leinwand ein kleines Mädchen mit Zöpfen auf einem Stein sitzen. Es guckte auf den rechten Teil der Leinwand, wo ein riesiger, sehr unscharfer und undefinierbarer Schatten erschien. Erschrocken fragte das Mädchen: «Wer bist du? Du siehst so groß und so schwarz aus. Du machst mir Angst!» Der Dialog wurde nicht von den Kindern gesprochen, sondern von zwei erwachsenen Mitspielern, von denen der eine sich mitten im Publikum befand, der andere nicht sichtbar hinter der Leinwand. Gleichzeitig wurde für das internationale Publikum eine Folienrolle mit dem Dialog in vier Sprachen als Comic-Sprechblasen über den Tageslichtschreiber auf das Schattenspieltuch projiziert, und zwar vom Spieler aus gesehen seitenverkehrt, somit für die Zuschauer lesbar.

Die Antwort:

«Ich bin ein Schatten. Aber du brauchst keine Angst vor mir zu haben! Ich bin gar nicht größer als du. Und ich bin auch nicht schwarz, ich bin ein bunter Schatten. Du mußt nur lernen, mich wirklich zu sehen!»

«Aber was heißt das: wirklich zu sehen?»

«Du mußt einen Augenblick die Augen schließen, und du mußt für einen Moment aufhören zu denken. Dann wirst du sehen, daß ich aus Musik und Farben bestehe!»

In diesem Moment setzte ganz leise die Musik ein, und der kleine Junge, der bis dahin in der Höhe des Projektors gestanden hatte, kam langsam auf die Leinwand zu, so daß sein riesiger Schatten immer kleiner und schließlich erkennbar wurde. Gleichzeitig färbte sich dieser allmählich blau, und zwar der Schatten selber und nicht etwa seine Umgebung, mit Hilfe einer blauen Folie auf dem Tageslichtschreiber, die langsam in die Projektionsfläche hineingeschoben wurde (ein Dimmer zur stufenlosen Lichtregulierung wäre ideal gewesen), und mit Hilfe einer weißen Lampe, die von der Seite her nur den Jungen anleuchtete.

Als der Junge beim Mädchen angekommen war, begannen beide, sich bei einem Tanz zur Musik kennenzulernen. Nach einiger Zeit bewegten sich beide dann langsam auf die hintere Lichtquelle zu, um dann schließlich mit ihrem Schatten das ganze Tuch auszufüllen.

Hierdurch hatten wir eine kleine «Umbaupause» von einigen Sekunden. Für den zweiten Teil der Musik, der immer noch langsam ist, aber «swingt», hatten wir als Lichtquelle einen Diaprojektor, der ein Unterwasserdia auf die Leinwand projizierte. Zunächst sah man in dieser Unterwasserlandschaft Füße und Hände von auf dem Boden liegenden Mitspielerinnen, die sich sanft rhythmisch hin und her bewegten. Wir hatten dabei das Bild von «Algen und Muscheln» vor Augen. Schließlich löste sich daraus eine «Sirene», jene singende Verlockung aus der griechischen Mythologie mit einem Vogelleib. Unsere aus Italien stammende «sirena» allerdings hatte die Beine mit einem Tuch umwickelt, so daß man wohl ein Fischweib sah. Zum dritten Teil der Musik, deren rhythmischer «swing» sich nochmals gesteigert hatte, tanzte sie ihren verführerischen Solotanz.

Die «Algen und Muscheln» waren inzwischen verschwunden, aber alsbald verwandelte sich die «sirena» in eine «HYDRA» (vgl. S. 64). Die Darstellerinnen der «Muscheln und Algen» hatten sich einfach zu Boden sinken lassen, waren somit aus dem Projektionsfeld verschwunden und dann hinter die «sirena» gerutscht. Hier nun richteten sie sich langsam auf und trugen mit ihren Armen und Köpfen zur Verwandlung bei.

Unsere «HYDRA» allerdings hatte ein sehr freundliches Wesen, was man an den Farben, an der Musik und schließlich an den buntschillernden Seifenblasen, die plötzlich auftauchten, sehen konnte. Hier hatte ein kleiner Junge seinen großen Auftritt. Beim Schattenspiel selber hatte er noch große Hemmungen gehabt, aber die Seifenblasen gelangen ihm prächtig.

Schließlich wurde die Musik wieder langsamer, der anfängliche Charakter kehrte zurück. Diese Geschlossenheit der Form sowie die sich zunächst ständig steigernde rhythmische Spannung lassen dieses Stück für die Verbindung von Bewegung und Musik meiner Ansicht nach besonders geeignet erscheinen, gerade auch für eine Anfängergruppe.

Die Mitglieder der «HYDRA» entwichen winkend nach links und rechts, bis nur noch die «sirena» übrig war. Nun wurde das Dia aus- und ein Tageslichtschreiber mit grüner Farbfolie eingeblendet, und die «sirena» glitt mit den letzten Tönen der Musik zu Boden.

Der Beifall war begeistert, viele Zuschauer waren sehr beeindruckt. Aber was hatten sie gesehen? Ich habe es von den meisten nicht erfahren, aber das war auch nicht so wichtig. Wir selber hatten ja keine schlüssige Handlung vorgegeben. Nur der große bedrohliche Schatten. Was hatte er noch zu Beginn gesagt?

«Debes cerrar un momento los ojos y debes dejar de pensar un momento. Entonces escucharás que estoy compuesta de música y de colores ... aus Musik und Farben bestehe ...»

Schattenspiele mit Erwachsenen zu Musik: Zu «Tsen brider» von Zupfgeigenhansel

Viel konkreter als im vorhergehenden Fall ist die Vorgabe durch das Stück «Tsen brider» von der Folk- und Liedermachergruppe Zupfgeigenhansel, zu dem ich (Gerd Haehnel) einmal eine Schattenspielfassung mit den Teilnehmern eines Wochenendkurses an der Volkshochschule erarbeitet habe.

«Tsen brider» (von der LP «Jiddische Lieder», Pläne 88141; Dauer ca. 7 ½ Minuten) handelt, ähnlich wie unser wohlbekanntes «Zehn kleine Negerlein», davon, wie von zehn jiddischen Brüdern nach und nach alle sterben, bis nur noch einer übrig bleibt. Sie hatten mit Leinen, mit Frachtgut, mit Rüben, mit Gebäck usw. gehandelt, aber das hatte nicht zum Leben ausgereicht: «Schterbn tu ich jeden tog, wajl tsu esn hob ich nit.» (Die Texte dieses Liedes stammen aus dem zur LP gehörenden Textheft.) Faszinierend an diesem Lied ist, daß der Mut nicht verlorengeht. Nach jeder traurigen Doppelstrophe folgt ein fröhlicher Tanz:

> «Ach, Schmerl mit der Geige,
> Tewje mit dem Baß,
> spielt mir ein Lied
> mitten auf der Straße.» *

Die musikalische Interpretation der Gruppe Zupfgeigenhansel bringt diesen ständigen Wechsel zwischen starker Trauer und Lebens-

* Der Originaltext ist als Bildunterschrift auf S. 119 zu finden.

freude hervorragend zum Ausdruck, vor allem auch durch ständige Tempowechsel. Daher war es sehr reizvoll, das Stück als Schattenspiel zu arrangieren. Wir hatten zwar nicht die Möglichkeit zu einer Aufführung, arbeiteten aber auf eine Videoaufnahme hin. Da die Probenarbeit immer auch Arbeit und Anstrengung bedeutet, ist eine solche äußere Motivation bei der Arbeit mit Jugendlichen oder Erwachsenen sehr wichtig. Der folgende Ablauf des Stückes läßt sich anhand der Fotos auf S. 119/120 nachvollziehen.

Zu Beginn standen alle zehn Mitspieler in einer Reihe hinter der Leinwand, so daß nur ein Schatten sichtbar war. Wir hatten blaues Licht gewählt, das auch während des Stückes nicht verändert wurde. Sobald die Musik begann, verteilten sich alle auf ihre Plätze vor der Leinwand. Die Personen waren durch verschiedene Requisiten gut voneinander zu unterscheiden und standen zunächst leicht gebeugt. Es war nicht einfach, alle zehn Personen hinter dem nur 2,50m × 4 m großen Tuch unterzubringen. Hilfreich dabei war die Markierung der einzelnen Positionen mit Klebeband auf dem Boden.

An der jeweiligen Textstelle verschwand ein Mitspieler nach hinten oder schräg zur Seite, wodurch sein Schatten auf der Leinwand groß und unkenntlich wurde. Dies sollte nach unserer Vorstellung das Sterben ausdrücken. Sobald aber der fröhliche Teil der Musik einsetzte, begannen alle auf der Stelle zu tanzen, ihre Arme hochzureißen usw.

So ging es, bis nur noch einer übrig blieb, der sich dann schließlich zum «Sterben» niederlegte, bis er von der langsam wieder einsetzenden fröhlichen Musik und von der Seite hereingereichten Instrumenten – ein Tennisschläger mußte als Geige herhalten! – wieder erweckt wurde. Bald winkte er, und schließlich erschienen seine neun Brüder, einer nach dem anderen, und er begrüßte jeden einzeln mit einem kleinen gemeinsamen Tanz.

Nun wurde die Musik immer wilder, und nachdem alle begrüßt worden waren, kamen sie immer wieder von rechts in einer nicht abreißen wollenden Schlange auf die Leinwand, bis einer schließlich den Abschluß bildete und das Licht erlosch. Natürlich hatten wir einen, für den imaginären Zuschauer nicht sichtbaren, Kreis um den Projektor herum gebildet.

«Tsen brider senen mir gewesn hobn mir gehandlt mit lajn.»

«Ejner is fun unds geschtorbn, senen mir geblibn najn.»

«Oj, Schmerl mit dem fidele, Tewje mitn bas, schpilt-ssche mir a lidele ojfn mitn gas!»

«... senen mir geblibn draj.»

«Schterbn tu ich jeden tog, wajl tsu esn hob ich nit.»

«Oj, Schmerl ...»

Kapitel 8

Schattenspiel und Freinet-Pädagogik

Erfahrungen von den regelmäßigen Lehrertreffen der Pädagogik-Kooperativen

Zunächst einmal werden sich viele Leser fragen, was Freinet-Pädagogik überhaupt ist.

Vor über 60 Jahren, als in Deutschland die Reformpädagogik blühte, begann in Frankreich der Lehrer Célestin Freinet nach neuen Möglichkeiten für die Schule zu suchen. Seither hat sich dort eine recht große Anzahl von Freinet-Lehrern in einer Bewegung zusammengeschlossen, und auch in Deutschland wächst diese immer mehr. Freinet-Pädagogik ist eine Alternative für den Unterricht in der Regelschule. Dabei stehen nach Möglichkeit die Interessen der Schüler im Mittelpunkt des Unterrichts, verschiedene Materialien wie Druckerei und Karteien erlauben den Schülern Selbständigkeit bei der Arbeit; Eigenaktivität, Kooperation und individuelles Lernen werden gefördert.*

Warum widmen wir der Freinet-Pädagogik in einem Buch über das Menschenschattenspiel einen eigenen Abschnitt? Nach unserer Übersicht ist dies der einzige pädagogische Ansatz in der Regelschule, der im Augenblick mit diesem Medium systematisch und vielfältig arbeitet (Limberg 1982).

* Es soll hier nicht weiter auf diese Pädagogik eingegangen werden, die unserer Ansicht nach sehr viele Auswege und Möglichkeiten bei «Schulunlust» bereit hält. Wer nun ein wenig neugierig geworden ist, der mag sich anhand der im Anhang angegebenen Literatur oder, besser noch, durch die Teilnahme an einer der zahlreichen, selbstorganisierten Lehrerfortbildungen der Freinet-Lehrer informieren. Die jeweiligen Termine (Pädagogik-Kooperativen) finden sich in der Zeitschrift «Fragen und Versuche».

Kaum eine der selbstorganisierten Lehrerfortbildungen der Freinet-Pädagogen vergeht, ohne daß jemand eine Gruppe zum Schattenspiel mit dem eigenen Körper anbietet, und Lehrer, die sich an dieser Pädagogik orientieren, konnten in ihrem Unterricht mit diesem Medium schon viele positive Erfahrungen sammeln.

Es ist kein Zufall, daß gerade hier das Menschenschattenspiel aufgegriffen und weiterentwickelt wurde. Denn – wie schon dargestellt: Alle Beteiligten können auf den unterschiedlichsten Ebenen und bei unterschiedlichsten Begabungen mit diesem Medium Erfahrungen machen. Das Menschenschattenspiel verlangt keinen Perfektionismus, es trägt in sich einen sehr starken Angebotscharakter, und alle Schüler gelangen schnell zu beeindruckenden Ergebnissen.

Läßt man dabei die Schüler selbst zu Worte kommen, hilft man ihnen, ihre eigenen Spielinteressen zu formulieren, dann staunt man, wieviel Parodistisches, wieviel Slapstickhaftes und Realistisches sie durch das Menschenschattenspiel darstellen.

Ein solch lockerer Umgang mit diesem Medium kennzeichnet auch die Menschenschattenarbeit auf den Freinet-Lehrertreffen, wo er regelmäßig zu beeindruckenden Ergebnissen führt.

Besonders erwähnt werden muß in diesem Zusammenhang das Mitspieltheater, das dort ebenfalls gepflegt wird und sich sehr gut mit dem Menschenschattentheater kombinieren läßt. Wer will, zieht ein Kärtchen und wählt damit die Teilnahme an einer bestimmten Gruppe des Mitspieltheaters, welche in der Regel zwischen vier und sieben Teilnehmern hat. Jede Gruppe bekommt ein bestimmtes Thema, das oft aus einem gemeinsamen größeren Zusammenhang genommen wurde. Beispielsweise lautete einmal der Zusammenhang «Groschenromane», aus dem folgende Spielaufgaben abgeleitet wurden: «Raumschiff X antwortet nicht mehr» / «Der junge Graf und die Macht des Schicksals» / «Die Stimme des alten Försters».

Nach dieser Startzeremonie haben alle Gruppen eine Stunde Zeit, um sich eine Idee und alles übrige für die Darstellung einfallen zu lassen.

Diese Stücke werden nicht immer durch das Medium des Menschenschattentheaters vorgestellt, und wenn, dann nicht unbedingt in «reiner Form», sondern verbunden mit anderen Medien- und Aktionsformen.

Die einzelnen Stücke werden, verbunden durch die Ansagen eines Moderators, hintereinander vorgespielt, so daß während der Aufführung die meisten Beteiligten einmal Zuschauer und einmal Akteur sind. Hierbei entsteht bei allen eine akzeptierende und entspannte Grundhaltung, was sich auch darin zeigt, daß das Spiel freier, spontaner, natürlicher und damit auch besser wird. Bleibt noch zu erwähnen, daß das Mitspieltheater eine große Teilnehmerzahl ermöglicht: Bei den beschriebenen Freinet-Lehrertreffen sind häufig zwischen fünfzig bis hundert Lehrerinnen, Lehrer und Kinder daran beteiligt.

In die konkrete Arbeit von Freinet-Lehrern mit dem Menschenschattenspiel geben die folgenden beiden Berichte Einblick, welche auf Interviews basieren, die Florian Söll mit den Lehrern Reinhard Raschke (Dortmund) und Rolf Wagner (Oberhausen) führte.

«Wir haben auf den Tischen gespielt»

Reinhard Raschke ist Grundschullehrer in Dortmund. Er sammelte seine Schattenspielerfahrung als Klassenlehrer mit einem dritten Schuljahr.

Reinhard Raschke berichtet, daß diese Klasse begeistert Theater, Rollenspiele und dergleichen spielte. Raschke hatte zwar schon in der Lehrerausbildung das Menschenschattenspiel kennengelernt, es aber nie eingesetzt, bis eine Kollegin ihm zum Einstieg verhalf. Sie hatte eine Leinwand vorbereitet. «Da traute ich mich dann an die Sache heran», erzählte er.

Er begann in seiner Klasse ähnlich, wie er es im Seminar gelernt hatte. Zunächst ging jeder Schüler einmal hinter die Leinwand, setzte sich da in Pose, und die anderen mußten sagen, was für einen Eindruck das auf sie machte. Selbstverständlich wurde dabei kein Zwang ausgeübt. Beim nächsten Schritt ging es darum vorzuführen, was man alles mit einem Stuhl machen kann. Dabei konnten auch schon mehrere Schülerinnen und Schüler miteinander hinter der Leinwand agieren. Der nächste Fortschritt bestand darin, daß Raschke Musik einsetzte. Im Seminar – erinnert er sich – hatten sie noch eine weitere Verfeinerung gelernt, nämlich durch die Bewegung farbiger Handlampen besondere Effekte zu erzielen. Davor schreckte er aber in der Klasse zurück. Das war ihm zu kompliziert.

Selbstverständlich hat Raschke dabei auch versucht, den Schülern die unterschiedlichen Wirkungen der Distanz und anderer Techniken durch Ausprobieren deutlich zu machen.

Besonders bemerkenswert: Sie haben sich aus Schultischen eine

«Bühne» gebaut, vor die sie die Leinwand stellten. Die Kinder spielten also auf erhöhtem Podest zwischen dem Tageslichtschreiber, der als Lichtquelle diente, und der Leinwand. Der Grund war einfach: Die Leinwand ließ sich nicht bis auf den Boden ziehen. Außerdem konnten die zuschauenden Kinder so das Geschehen auf der Schattenbühne besser verfolgen.

Interessant ist, daß von der aus sechs Schultischen bestehenden «Bühne» nie jemand heruntergestolpert oder -gefallen ist.

Die erhöhte Spielfläche hatte im übrigen auch den Vorteil, daß die Füße der Protagonisten zu sehen waren. Durch Verstellen des Tageslichtschreibers konnten recht gut verschiedene Ausschnitte auf die Leinwand gebracht werden. Raschke: «Die Füße können ja auch ganz wichtig sein, wenn z. B. ein Kind zusammengehockt auf dem Boden sitzt, dann muß ja auch die ganze Figur drauf sein. Und das geht auf den Tischen ganz schön.»

Und auch das Problem der Zuschauer in der hinteren Reihe ist gelöst, denen sonst ihre Vordermänner den Blick verstellen.

Raschke spielte mit seinen Schülern einmal die Woche eine Stunde. Das Menschenschattenspiel dauerte sechs Wochen. Er erzählt: «Es sollte jeder mal spielen können. Und sie sollten sich auch in Paaren oder Gruppen zusammenfinden und dann später kleine Szenen vorspielen. Die Themen hatten sie selbst ausgewählt. Dracula-Geschichten wurden gerne gespielt, Monster.» Gerade so etwas läßt sich mit dem Menschenschattenspiel natürlich gut machen, wenn man die Groß- und Kleineffekte ausnutzt.

Als sie dann mit Musik gespielt haben, haben sie versucht, Bedeutungen wie laut und leise, hoch und tief in Bewegung umzusetzen.

Er verwendete eine dynamische Musik, die sehr leise anfängt, dann immer lauter wird bis zum Forte und schließlich wieder abschwillt. Die Schüler stellten das dar, indem sie beim leisen Beginn in sich zusammengesunken dasaßen und bei lauter werdender Musik zu «wachsen» begannen wie eine aufgehende Blume, um schließlich beim Leiserwerden wieder in sich zusammenzusinken.

Dazu haben die Kinder eigene Geschichten erfunden, die sie dann auch spielten. Am leichtesten fand es Raschke, den Unterschied zwischen laut und leise zu verarbeiten. Bei «schnell» und «langsam» fand er, daß dabei durch die entstehende Rennerei leicht die Bühne zu klein wird. «Also habe ich Sachen ausgewählt, bei denen man an einem Platz bleiben konnte.»

Als zu schnell hatten sich u. a. folgende Stücke herausgestellt: «lamp lies down» von Genesis, ebenso der «Hummelflug»; «Der kleine Däumling» von Ravel dagegen erwies sich als geeignet.

Was die Wirkungen des Menschenschattenspiels angeht, so betont Raschke besonders, daß partnerschaftliches Arbeiten gelernt wird und die Bereitschaft, sich kritisieren zu lassen: «Ich hatte eine Schülerin, die konnte das nicht ertragen. Sie fing immer an zu weinen, wenn die anderen was sagten. Das haben wir dann aufgefangen. Aber sie mußte auch lernen, damit umzugehen. Wenn sie etwas vorgespielt hat, und die anderen haben nicht erkannt, was das sein sollte, mußte sie ja an der Sache und an sich arbeiten.»

Als besonders wichtig hebt er außerdem hervor, daß Bedrohungs- und Verfolgungsszenen, wie Kinder sie aufgrund ihres Fernsehkonsums gerne in der Klasse spielen, beim Schattenspiel eine interessante Qualität bekommen: «In der Klasse ..., wenn der kleine Alexander hinter dem großen Rolf herrennt, das wirkt eher lächerlich. Die Klasse fängt an zu lachen. Aber als Schattenspiel wirkt das. Da können sie das ‹echt› darstellen, und zwar jedes kleine Jüngelchen.»

«Du Blödmann, jetzt mach doch die Tür auf»

> Rolf Wagner unterrichtet an einer Grundschule in Oberhausen ein viertes Schuljahr. Menschenschattenspiel macht er schon länger. Die Anstöße dazu und die Ideen dafür hat er von den Freinet-Lehrertreffen.

Das Neonlicht in seiner Klasse wird durch ein großes weißes Tuch gefiltert, welches wie ein Baldachin unter der Decke hängt. Wagner muß den Kopf einziehen, wenn er darunter hergeht.

Manchmal fragen die Kinder den Lehrer: «Dürfen wir Schattentheater machen?»

«Na klar, dafür hängt das ja hier», ist die Antwort. Dann werden zwei Klammern gelöst, das Tuch kommt herunter, zwei Tische müssen umgestellt, der Tageslichtschreiber in Position gebracht und angeschaltet werden. Und schon kann es losgehen. Kein Wunder, daß dies eine besonders schattenspielfreudige Klasse ist.

Die Leinwand besteht aus drei großen Tüchern, welche teilweise zusammengenäht sind. Für bestimmte dramaturgische Zwecke ist eine Naht nicht ganz bis nach unten geführt. Normalerweise wird das Tuch an dieser Stelle mit einer Wäscheklammer zusammengehalten.

Aber z. B. bei dem Stück «Der Bär, der ein Bär bleiben wollte» wechselt das Zotteltier während des Spiels aus dem Schattenreich vor die Leinwand – eine Idee der Kinder, die bei der Aufführung toll ankam.

Wagner nutzt das Menschenschattenspiel in seiner Klasse vielfältig. Er läßt die Kinder manchmal «nur rumalbern, rumspielen». Bei bestimmten Anlässen, wie z. B. Karneval, dient es zur eigenen Belustigung, es hat aber auch im Unterricht seinen Stellenwert, und nicht zuletzt werden Aufführungen für Eltern und andere Klassen erarbeitet.

Wenn Wagner darüber berichtet, wie die Kinder mit ihren Schatten herumexperimentieren, kommt er geradezu ins Schwärmen: «Sie merken ganz schnell, daß dieses übliche rauhe Spielen mit Kloppereien und so, das die Kleinen so gerne machen, hier überhaupt nicht wirkt. Sie müssen viel vorsichtiger miteinander umgehen und gucken: Stehe ich richtig? Wie steht der andere? Jetzt muß ich erstmal warten, bis der andere einen Schritt zurückgeht, dann kann ich mich ins Bild bringen. Und ich muß auf die Überschneidungen achten, damit nicht einer von beiden nicht zu sehen ist.»

Für viele Kinder ist es immer wieder sehr spannend und eine aufregende Erfahrung festzustellen, daß sie größer und größer werden, wenn sie sich dem Projektor nähern, und dann bedrohliche Sachen spielen können.

Nach Meinung Wagners ist es einer der unschätzbaren Vorteile des Menschenschattenspiels, daß die Kinder dadurch lernen, mehr auf die anderen zu achten als beim üblichen Theaterspiel. Ein weiterer Vorteil: der Aufwand an Arbeitsmitteln ist so gering, daß jeder Lehrer es in seiner Klasse machen kann.

Oder nehmen wir Karneval. Da hatten sie sich überlegt, ob sich nicht aufgrund der Kostüme der Kinder in einer Gruppe ein Theaterstück schmieden ließe. In einer Sechsergruppe waren: ein Cowboy, eine Micky Maus, ein Chirurg, eine türkische Prinzessin, ein Roboter und ein Pirat. Heraus kam die Entführung eines Raumschiffs (Pilot: der Cowboy) durch den Piraten, welches an Bord eine sterbenskranke türkische Prinzessin hatte, welche sich mit dem Raketenflug ihren letzten Wunsch erfüllen wollte, selbstverständlich in Begleitung ihres Privatchirurgen. Auf dem Mars wurden sie dann von der amerikanischen Einwanderin Micky Maus und ihrem Roboter empfangen.

Durch ihre viele Erfahrung sind die Kinder inzwischen auch Experten in Sachen Technik. Man legt hinten irgend etwas Kleines auf den Tageslichtschreiber, und vorne auf der Leinwand hat man eine große Wirkung.

In einem Stück wünschte sich ein älterer Mann, der nicht mehr gut laufen konnte, einen Baum in sein Wohnzimmer. Das Wohnzimmer, auf Folie gemalt, wurde schon durch den Tageslichtprojektor vorne auf die Leinwand projiziert. Und nun schnitten sie einen kleinen Baum aus und schoben ihn von unten langsam in das Zimmer, so daß er richtig «hineinwuchs».

Als sie es den Eltern vorführten, haben die meisten von ihnen sich gewundert, wie dieser Effekt zustande kam, und sie gingen nach der Aufführung nach hinten und ließen es sich von ihren Kindern erklären.

Vor solchen Aufführungen für Eltern oder andere Klassen wird – wie Wagner sagt – richtig geübt. Er sagt dann zu den Kindern: «Ich bin jetzt der Regisseur», und dann wird so lange gearbeitet, bis alles sitzt.

Ein Problem dabei ist, daß nicht alle Kinder auf einmal spielen können. Darum wird jede Rolle zwei- bis dreimal besetzt, und wenn das Spiel einstudiert ist, wird es auch mehrfach aufgeführt, damit alle ihre Künste zeigen können. Beim «Schattentheater sieht man ja nicht so genau, wer spielt», erklärt Wagner. Und er erzählt, daß die Kinder die anderen beobachten, wenn sie ihre Rolle spielen, und dabei sagen können: «Das hat der viel lustiger gemacht.» Und sie versuchen dann, von den anderen etwas zu übernehmen.

In Wagners Klasse sind einige türkische Kinder. Sie haben durchweg Schwierigkeiten damit, laut zu sprechen. Sowohl in der Klasse wie auch beim normalen Theaterspielen. Beim Schattentheater ist das anders. Da kommt zu der Unbefangenheit, mit der sie sich bewegen, auch unbefangenes Reden.

«Da sind sie geschützt durch das Tuch, sie trauen sich, viel lauter zu sprechen. Wenn sie z. B. in der Klasse lesen, dann flüstern zwei meiner türkischen Mädchen. Beim Spiel konnten sie auf einmal ganz laut sprechen.»

Es handelte sich um die Schattenspielversion der Geschichte «Hans und der Zauberhut». Einer der Spieler mußte in diesem Stück immer eine Tür aufmachen, weil die Tante da hinein wollte, welche von einem türkischen Mädchen gespielt wurde. Dieses türkische Mädchen konnte nun auf einmal ganz laut ausrufen: «Du Blödmann, jetzt mach doch die Tür auf!»

«Sie konnte ihn richtig beschimpfen, laut», freut sich Wagner. «Für das Kind und für uns war das eine tolle Erfahrung, daß so was auf einmal geht, weil die Angst, kontrolliert und beobachtet zu werden, hinter der Leinwand geringer ist.»

Und das Menschenschattenspiel im Unterricht? Nach dem Besuch einer Moschee war plötzlich das Thema Rolleneinübung aktuell geworden. Ein türkischer Junge aus der Klasse ist Vorbeter in der Moschee. Die Klasse war dorthin gegangen, um zu erleben, wie die türkischen Kinder dort beten. Dabei hatten die Mädchen alle Kopftücher an. Zuerst hatten sie nur gewußt, daß sie die Schuhe würden ausziehen müssen, an die Tücher hatten sie nicht gedacht.

Später mußte das mit den Tüchern geübt werden. Die türkischen Mädchen haben den anderen genau gezeigt, wie es geht. Dann haben einige versucht, Türkinnen zu spielen. Sie haben sich entsprechend angezogen, und die türkischen Mädchen haben «Regie» geführt und z. B. gesagt: «So mußt du gehen!»

Wagner: «Die Mütter dieser Kinder, zumindest der Kinder, die ich da in der Klasse habe, die machen keine weitausholenden Schritte, sie gehen eher langsam, bedächtig, ‹nach unten›.»

Und bei alldem hat das Schattenspieltuch eine gute Hilfe geboten. Hinter diesem nämlich ließen sich die Bewegungen sehr gut vergleichen, weil man wegen des Kopftuches nicht mehr sehen konnte, wer da gerade lief.

Teil 4

Das Menschenschattenspiel in der Therapie

Von Jorgos Canacakis

«Du kannst vor deinem Schatten nicht weglaufen. Ihn weghaben zu wollen, bedeutet, dich selbst weghaben zu wollen.»

«Dein Schatten kann manchmal dein Schlupfwinkel werden, in dessen Dunkel du dich ausruhen und erholen kannst.»

«Darum: Befreunde dich mit deinem Schatten. Er meint es gut mit dir.»

Kapitel 9

Meine Schwäche für den Schatten

Eine Frau – vom Schatten verfolgt

Den Anstoß, mich mit dem menschlichen Schatten auch therapeutisch auseinanderzusetzen, erhielt ich von einer meiner Klientinnen vor drei Jahren, 1982. Die Beschwerden, die sie mir vortrug, wuchsen innerhalb der ersten Sitzung zu einem respektablen Beschwerdekatalog. Das Besondere an diesen Beschwerden war, daß sie eine Wandeltendenz zeigten. Mal ging es los mit Herzbeschwerden, die sie als Herzschmerzen bezeichnete, dann wurden sie zu Kopfschmerzen, Magenbeschwerden und schließlich zu Atembeschwerden, begleitet von Angstzuständen, die sehr diffus waren.

Die Klientin war ziemlich verunsichert, weil es trotz einer jahrelangen Geschichte von Untersuchungen und einer Serie von Überweisungen, die sich nach dem gleichen Prinzip wiederholten (Hausarzt – Facharzt – Krankenhausaufenthalt – Veränderung des Beschwerdebildes und neue Beschwerden – Hausarzt – Facharzt – Krankenhaus usw. – Chronifizierung der Beschwerden) nicht gelungen war, eine organische Ursache für diese Symptome zu finden. Angst hatte sie auch davor, daß ich sie, wie andere zuvor, für eine Simulantin oder Hypochonderin halten könnte.

Ich beruhigte sie und sagte ihr, daß für unsere momentane Zusammenarbeit wichtig sei, was «da ist» und was sie empfinde, ohne daß wir nach Ursachen, Erklärungen und Beweisen zu suchen bräuchten. (Das beschriebene Beschwerdebild kann man zur groben Orientierung als «psychovegetative Störungen» bezeichnen.)

Aus dieser eindimensionalen Betrachtung wurde ich von ihr schon in der zweiten Sitzung herausgeleitet, als sie mich mit folgenden Sätzen die Mehrdimensionalität und die Zusammenhänge des Krankheitsgeschehens erkennen ließ: «Der Schatten meines Mannes verfolgt mich Tag und Nacht. Er ist mir auf den Fersen bei meinen Tätigkeiten tagsüber oder nachts, vor und während des Nachtschlafs. Ich bin tagsüber unkonzentriert, und nachts schlafe ich wenig und schlecht.»

Die Symptome hatten einige Monate nach dem Tod ihres Mannes vor ca. fünf Jahren angefangen. Das Phänomen mit dem Schatten trat sporadisch während der letzten zwei Jahre auf, und in der letzten Zeit häuften sich die Situationen der Schattenempfindung bis zum Unerträglichen. Die Klientin war durch den Schatten sehr verängstigt. Deshalb mißlangen anfangs gemeinsame Versuche, mit dem Schatten in Kontakt zu kommen. Wenn sie sich auf ihn konzentrierte, verschwand er aus ihrer Vorstellung, andererseits vermied sie ihn bewußt, wenn wir ihn bei der Sitzung «suchten».

Bei der dritten Sitzung schlug ich vor, mit unseren beiden Schatten zu spielen. Ich zeigte es ihr auch gleich. Ich drehte den Strahler meines Schreibtisches zur weißen Wand gegenüber und stellte mich mit dem Rücken zum Licht zwischen Wand und Lichtquelle. Mein Schatten war groß und verzerrt durch den Winkel des Lichteinfalles. Ich versuchte einige Bewegungen mit meinem Körper. Diese wirkten auf der Wand spielerisch und lustig. Dann stellte ich mich seitlich und ließ meine Finger an der weißen Wand lustige Schattenspiele ausführen.

Das Bestaunen und Mitlachen hielt nur einige Minuten an. Dann stieg sie unaufgefordert ins Schattenspiel ein. Anfangs spielte sie mit dem Schatten ihrer zehn Finger. Nach etwa zehn Minuten des Spielens und Lachens hörte sie plötzlich auf und veränderte ihre seitliche Position zur Lichtquelle, drehte sich und betrachtete ihren großen Schatten. Anfangs war sie neugierig, dann aber wirkte sie ruhiger und mit der Zeit fast erstarrt. Sie schien an ihrem Schatten etwas zu entdecken, was ihr Angst machte. Ich erkannte dies an ihren weitaufgerissenen Augen, an ihrem schnellen Atmen und an den ersten Schweißtropfen auf ihrer Stirn.

Als sie versuchte, der Spannung des Schattenanblicks durch einen Schritt zurück zu entgehen, vergrößerte sich der Schatten auf der Wand, und es schien, daß sie diese Spannung nicht mehr lange aushalten würde. Kurz bevor sie es nicht mehr ertragen konnte, rief ich ihr zu:

«Ich bin auch hier und kann dir helfen. Möchtest du versuchen, den Anblick des Schattens noch ein wenig auszuhalten?»

Ohne den Blick von der Wand wegzunehmen, nickte sie mir zu.

«An was erinnert dich der Schatten? Kennst du ihn?» fragte ich sie.

Sie sagte kein Wort, aber sie nickte wieder.

«Ist das der Schatten, der dich die letzten Jahre verfolgt hat? Hat er Ähnlichkeiten mit ihm?»

Auch diesmal nickte sie.

«Schau ihn dir nochmals richtig an, ... seine Form, ... seine Größe, ... seine Dunkelheit ... Was löst bei dir dieser Schatten aus?»

«Angst, viel Angst!» sagte sie.

«Wo sitzt diese Angst?»

«Im Herzen. Mein Herz flattert ... Auch in meinem Magen, der sich umdreht, und mir wird's übel.»

«Was ist noch da?»

«Ja, mein Kopf fühlt sich an wie aus Holz, und ein Druck da drinnen macht mir Kopfschmerzen.»

«Möchtest du versuchen, jetzt die Augen zu schließen, nachdem du dir nochmals den Schatten auf der Wand angeschaut hast?»

Als sie die Augen schloß, schob ich ihr einen Stuhl hin und half ihr, es sich mit geschlossenen Augen bequem zu machen.

«Bleibe in Kontakt mit der Angst im Körper und höre, was der Schatten will und was er dir sagt.»

Es folgte eine Sitzung, aus der klar wurde, daß dieser Schatten ihr eigener war, der ihr starke Vorwürfe über den Tod ihres Mannes machte: Der Schatten, der die ganzen Schuldgefühle in seinen dunklen Ecken trägt und ihr nichts verzeiht.

Genauere Hinweise zur Methodik und zum Medium dieser Therapiesitzungen finden sich in den folgenden Kapiteln. Im Moment ist es lediglich wichtig festzuhalten, daß der Schatten der Klientin und mir ermöglichte, eine unerledigte Trauer zu entdecken und diese bei den nachfolgenden Sitzungen durch trauertherapeutische Methoden (Canacakis 1985 d) zum Abschluß zu bringen. Schon am Ende der Sitzung war sie sehr zufrieden und erleichtert. Ich hatte das Licht meines Schreibtischstrahlers ausgeschaltet, und der Schatten war nicht mehr da.

Mit der Zeit verlor sie die Angst vor dem Schatten, vermied ihn nicht mehr, und in den meisten Folgesitzungen suchte sie die Auseinandersetzung mit ihm. Nach drei Monaten konnte sie ihren Schatten als ein Teil ihres Daseins erkennen, akzeptieren und ganz in ihre Person integrieren. Die psychovegetativen Störungen sind mit dem Verschwinden des «bösen Teils» des Schattens mit der Zeit auch weggeblieben.

Dieses Erlebnis mit der Klientin machte mich neugierig und ermutigte mich, mich mit diesem Medium weiter auseinanderzusetzen.

Bis das Tuch in Flammen aufging: Schattenspiele in meiner Kindheit

Die Erfahrungen mit meiner Klientin und die Beobachtung, daß bei vielen Arbeiten mit Patienten oder mit wachstumsorientierten Gruppen der Ausdruck «Schatten» oft vorkam, ließen bei mir vermehrte Aufmerksamkeit hierfür entstehen.

Der Gedanke, mich mit dem Schattenphänomen weiter zu befassen, fiel bei mir wegen meiner Kindheitserinnerungen auf fruchtbaren Boden.

Schöne Erinnerungen habe ich an meine Kindheit in Griechenland, als ich sechs Jahre alt war und des öfteren *KARAGIÓZIS*, ein Schattenspiel mit kunstvoll geschnittenen Figuren aus Karton, in einem nahegelegenen Sommerkino in Begleitung meines Vaters oder meines älteren Cousins erlebte.

Ich spüre auch jetzt, wie die angenehmen Regungen von damals heute noch meine Gefühle in Bewegung versetzen. Meine Begeisterung für diese Kunstgattung und das Medium, das meine Phantasie ins Unermeßliche trieb, vermehrte sich bei jedem Besuch. Ich wollte nicht nur als Zuschauer beteiligt sein, sondern selber mit dem Medium handelnd ins Erlebnis einsteigen.

Dieses Schattenspiel hat seine Wurzeln im arabischen Raum. Es hat sich in Griechenland, während des vergangenen Jahrhunderts, zu einem eigenständigen Volksschattentheater entwickelt.

Das *KARAGIÓZIS*-Schattentheater ist eine Kunstform, die für das Volk wie geschaffen zu sein scheint. Volk, das sind einfache, arme Menschen, Analphabeten. Diejenigen, die es entwickelt haben, gehören genauso zum Volk wie die, für die es entwickelt wurde. Es braucht keine besondere Ausstattung außer einem Holzgestell, auf das man ein weißes Tuch spannt, keine besonderen Räume, weil eine Wiese genügt, wo es oft genug eine gute Akustik gibt, und man braucht kein teures Material, nur Figuren, die man selber nach vorgegebenem Muster malen, diese dann auf einen Karton kleben und ausschneiden kann.

In dieser Theaterumgebung habe ich sehr früh erfahren, daß durch das Medium ausgedrückt werden kann, was einen innerlich bewegt. Gefühle konnten und durften dort gespürt und den anderen auch offen gezeigt werden: nicht nur, was einem Freude machte, sondern auch, was einem Angst machte, und das oft lange Verdrängte und aus Angst vor Bestrafung Vermiedene. Im gemeinsamen Erlebnis war es sehr angenehm, sich mit den verschiedenen Figuren und Charakteren

Schattenspieltheater (Karagiozis) in der Athener Plaka im Dezember 1984. Die rechte Figur, mit griechischer Flagge und Friedenstaube, tritt gegen eine Pershing-Rakete, die linke Figur trägt ein Schild mit der Aufschrift: «Frieden in der ganzen Welt!» (Foto: Künkler-Kehr)

zu identifizieren, mit ihnen Aggressionen zu zeigen oder die Typen, die dort vorkamen, stellvertretend für einen selber leiden zu lassen.

Auch Themen wie Sexualität und Moral wurden dort für mich zum erstenmal richtig abgehandelt. Wenn z. B. Tabuwörter vorkamen, für die man daheim mit einer Tracht Prügel belohnt wurde, durfte man hier lachen, und in dem Durcheinander konnte man diese Wörter sogar selber laut wiederholen. In der Satire wurde der diebische Bäcker gegeißelt, dessen Brote von Tag zu Tag weniger wogen, oder Arzt und Wissenschaftler wurden herausgestellt und lächerlich gemacht, die immer nur ein unverständliches Fremdwörterkauderwelsch sprachen. Durch Übertreibungen wurden die Reden von Politikern in ihren notorischen Versprechenstiraden entlarvt.

Die Schatten der Figuren auf dem Tuch ließen einerseits viel Raum für die kreativen Phantasiekompositionen der Zuschauer, und andererseits wurde damit alles prägnant, verständlich und manches Unerklärliche des Lebens einsichtig gemacht. Geschichtliche Ereignisse konnten in ihrer Bedeutung für das Heute hervorgehoben und damit verarbeitet werden. Die Helden konnten ihre Taten wiederholen, und wir Zuschauer konnten daraus Kraft schöpfen. Die aggressiven Schatten auf der Leinwand durften morden und viel Böses tun, und da wir als Zuschauer Ähnliches wünschten, dachte niemand daran, die Helden für das grausame Verhalten zu kritisieren.

Oft waren die Schattenfiguren für die Zuschauer Modelle für das richtige Weinen, Lachen, Fluchen, aber auch für liebes, zärtliches, weiches Verhalten und sogar für Schwäche, die plötzlich auch Sympathie bei den Zuschauern entstehen ließ.

Es dauerte nicht sehr lange, und nach guten Vorbereitungen konnte ich mit Hilfe meiner zwei Schwestern im Alter von neun Jahren auch so ein KARAGIÓZIS-Spiel veranstalten. Die Programme waren natürlich alle handgeschrieben und wurden in der Nachbarschaft verteilt. Unsere Bühne war neben dem Hühnerstall, und wir hofften, daß die Hühner sich schlafen legen würden, bevor die Vorstellung anfing. Erschrocken waren wir, als schon zehn Minuten vor dem Beginn der Platz neben dem Hühnerstall mit Zuschauern vollbesetzt war und die Neuankommenden keinen Platz mehr fanden.

Wenn meine Mutter an diesem Abend gewußt hätte, daß das Schattentuch, welches auf das Holzgestell des Hühnerstalls gespannt war, das weiße, seidene Bettuch aus ihrer Mitgift war, hätte sie die Vorstellung bestimmt platzen lassen.

Es war das Ereignis meines damaligen Lebens! Das Kerzenlicht flackerte leicht im Wind, und die Schatten der Figuren wirkten anregend für die Phantasie. Im Schutz des Schattens konnte ich an diesem Abend und an anderen, die nachfolgten, viel von meinen Bedürfnissen und versteckten Wünschen ausdrücken. Ich konnte singen, schimpfen, Wut zeigen, den vorgegebenen Text durch einen eigenen, entsprechend der aktuellen Lebenssituation verändern und bereichern. Viele Kinder, die mit ihren Müttern als Zuschauer anwesend waren, konnten ihre Begeisterung nicht zurückhalten und applaudierten lange, als ich in einem Stegreifspiel einen Schatten einer besonders präparierten Figur auf die Leinwand warf, der in Verbindung mit einer hohen Stimmgebung und den dazu passenden Sätzen unsere böse Lehrerin erkennen ließ, die wir «Hexe» nannten.

Es war herrlich, in die Schatten hinein viel von meinen unausgedrückten Gefühlen zu geben – auch gegenüber Personen, die ich nicht mochte.

Im Schatten der Schatten konnte ich damit viel von dem, was mich innerlich bedrohte, loswerden und verlor die Angst vor Konsequenzen und Verlust von Zuwendung. Die Zuschauer belohnten das Spiel der Schatten mit Applaus und Begeisterung.

Das ganze Unternehmen fand nach einiger Zeit, gegen Ende des Sommers, wo auch die Ferien bald aufhörten, einen jähen und wenig glorreichen Abschluß, als unglücklicherweise eine Kerze hinter dem Projektionstuch durch die Hitze sich unbemerkt neigte und das weiße Tuch plötzlich in Flammen stand. Es war natürlich auch ein tolles Spektakel, weil das Ganze zum Spiel paßte, da in dem Moment eine Kanonenkugel fallen sollte. Die Kinder waren ganz begeistert und dachten, daß es dazugehörte. Sie veranstalteten einen Reigentanz, wobei viele Pflanzen und Blumen im Garten zertreten wurden. Daß unsere Mutter nicht gerade erfreut war, läßt sich aus dem verhängten Spielverbot erkennen.

Meine Faszination für das Schattenspiel konnte mir aber seit damals niemand wegnehmen.

Im Schatten steckte für mich also eine ganze, noch nicht entdeckte, faszinierende Welt. Indem ich mich an all dies erinnerte und es bedachte, wurde mir klar, warum das Schattenereignis mit meiner Klientin so viel bei mir auslöste und mich neugierig machte.

Die Schatten der Antike

Um die Arbeit mit dem Schatten verständlicher zu gestalten, ist es notwendig, auf seine Bedeutung in der Antike mit ihren Mythen und archaischen Vorstellungen und auf den Zusammenhang einzugehen, aus dem die mythologischen Motive entstanden sind. Folgen Sie mir also ein wenig in die Vorstellungen vom antiken Schattenreich. Auch wenn für ein vollständiges Verständnis eine gewisse Grundkenntnis der griechischen Mythologie vorausgesetzt werden muß, so mag doch auch ohne diese deutlich werden, daß es in der griechischen Mythologie nicht nur die allgemein bekannten und in uns und unserer Kultur nachwirkenden negativen Vorstellungen vom Hades, dem Reich der Schatten, gibt, sondern auch viel hoffnungsvollere Vorstellungen.

Bei Ursituationen des Lebens wie z. B. Verliebtheit, Schwangerschaft, schwerer Krankheit, Geburt oder Tod, Träumen, Spontanbildern in Tagträumen und Gefahrensituationen oder Ähnlichem im Leben werden uns schattenhafte Anteile bewußt, die uns an JUNGS grenzenloses kollektives Unbewußtes und an dessen archetypische Strukturen erinnern. (Man könnte dies «ontogenetische Schattenarchetypen» nennen.)

Aus den Erlebnissen unserer Vorfahren in der Antike fließt unbewußte Energie zu uns, die die Dunkelheit und die Schatten mit einer sonderbaren Faszination ausstattet: sie macht daraus eine Atmosphäre, die auch mit Angst, Desorientierung und Labilisierung zu tun hat, die aber auch Phantasie, Kreativität und immense Neugierde aktiviert.

Was zu uns aus unserer Urgeschichte herüberfließt, wenn wir die archetypischen Strukturen aufdecken, ist meistens mit einseitig Negativem behaftet. Vielleicht haben Ereignisse in der Menschheitsgeschichte durch Äonen (Jahrtausende) sowie die Art ihrer Verarbeitung durch die Menschen dazu beigetragen.

Wenn wir das Bild des Schattens der antiken Sagenwelt und Mythen genauer anschauen und auf uns wirken lassen, entdecken wir bei unseren Vorfahren allerdings auch eine differenzierte Betrachtung, z. B. daß die Polaritäten Geburt und Tod keine Gegensätze sind, die sich ausschließen, sondern zwei Aspekte einer Wirklichkeitseinheit, die Leben bedeutet: also eine dialektische Wortverbindung, deren Synthese im Wort *Leben* zu finden ist und eine polare Einheit schafft.

Apollo z. B. ist nicht nur Sonnen-, sondern auch Todesgott. Die Erdmutter Demeter war als Verwalterin Plutos nicht nur Herrin des Schattenreichs, sondern auch die Göttin der Lebenswiege. Der Weg durch das Schattenreich war keine leicht zu bewältigende Aufgabe, endete aber nicht unbedingt im Nichts oder im Chaos. Chaos und Nichts waren schon lange strukturiert durch die Entstehung von Gaia, Uranos und Titanen, Giganten, Zyklopen und Hekatoncheires. Viele mythische Helden kämpften mit Dämonen und schrecklichen Ungeheuern sowie dem Bösen des Dunkels, setzten sich so mit der Schattenwelt auseinander, und dieser Weg führte zum Heilwerden des eigenen Selbst. Dennoch hat die griechische Unterwelt des Hades immer einen negativen Beigeschmack behalten.

Für dieses negative Image des Hades gibt es keinen uns bekannten Grund, nur Spekulationen. Hades galt als der meistgehaßte aller Götter. Er war die Personifizierung der Endgültigkeit des Todes, der in seiner Schattenwelt zu finden war.

Die Toten stellte man sich in einer Traumwelt voller Schattenrisse vor: Die Seelen nehmen Abschied und gehen zum Hades in ein dunkles Reich der Schemen und Schatten. Diesem Schattensein kann die Seele nicht entgehen, sie muß hindurch. Hier herrscht Skotos (Dunkelheit). Man begegnet hier auch den Furien oder den Erinnyen.

«Sie sind greise Göttinnen. Sie haben Schlangenhaare, Hundehäupter, kohlschwarze Körper, Fledermausflügel und blutunterlaufene Augen. In ihren Händen tragen sie messingumwickelte Geißeln, und ihre Opfer sterben unter Qualen.» (Graves 1955, S. 107)

Diese Zorn- und Rachegeister leisten auch innere Zerstörung. Sie sind personifizierte Gewissensbisse, die einen Sünder nach der Verletzung eines Tabus befallen. Sie sind nichts anderes als die bekannten Wutausbrüche der Seele gegen sich selbst. Das hat zwar eine reinigende Kraft, scheint aber sehr schmerzhaft zu sein, wenn es längere Zeit in Anspruch nimmt.

Die Hadesfahrt Richtung Tartaros, wo das Schattenreich ist, bedeutet völlige Verlorenheit, Zwecklosigkeit, Leid ohne Ende, unseliges Leben, sogar Vernichtung und ewiges Aufhören des Ichs.

Styx, der grausame Fluß, bedeutet die endgültige Abgrenzung von den Lebendigen. Der grauhaarige Charon mit dem schmutzigen Gewand und den feuerspeienden Augen bringt einen auf seinen Schultern durch den Fluß, und das ist eine Fahrt ohne Hoffnung auf Wiederkehr. Diese von Skotos beherrschte griechische Hölle hat als das Reich der Schatten eine sonderbare, furchterregende, unendliche, dunkle Tiefe. Hier geschieht Sinnloses ohne Ende, und alles wiederholt sich, bis es zur Qual wird, so wie es von Sisyphos, Tantalos und den Danaiden her bekannt ist.

Die Wirkungen solcher Überlieferungen auf die Nachwelt werden aus zwei Grabinschriften in Pompeji ersichtlich:

«Nach dem Tod gibt es nichts mehr, nur was du siehst, ist der Mensch.»

«Freund, der du dieses liest, lebe dein gutes Leben, denn nach dem Tod gibt es weder Lachen noch Scherz noch Freude.»

Diese Schwermut beherrschte nicht nur die Bewohner Pompejis vor Jahrtausenden angesichts des Todes und der dazugehörenden Vorstellung vom Schattenreich des Hades, sie beherrscht auch die heutigen Menschen in der Konfrontation mit der Dunkelheit und dem Schatten. Es sind archetypische Elemente, die unbewußt zur Wirkung kommen und Angst und Faszination gleichzeitig auslösen. Aber – wie schon angedeutet – eine differenziertere Betrachtung der antiken griechischen Welt läßt uns auch ganz andere Vorstellungen vom Hades erkennen!

Die pelasgisch-orphische Zeit mit dem theoretischen Hintergrund der Metempsychosis (Seelenwanderung) erlaubt ein hoffnungsvolleres und sinngebendes Bild von diesem Schattenreich, und zwar dadurch, wie man sich bei den «eleusinischen Mysterien» in Attika in Eleusis bei Athen verhält.

Dieses «mystische Drama», ein mystisches Fest und sinnenhaftes Feiern mit dionysischen, rauschhaften Elementen (Katharsis, Ekstase, orgiastisches Verhalten), läßt die Teilnehmer ganzheitliche Erfahrungen mit sich selber, sowie mit ihrer sozialen und ökologischen

So einfach geht das …

Umgebung machen. Das festliche Treiben befreit sie nicht nur seelisch und körperlich, sondern auch ihre Imagination und Phantasie, die ihnen dann kreative Gedankengänge erlaubt. Es entsteht ein anderes Bild vom Jenseits und dem Leben dort. Die Mysterien bieten den Anwesenden die Möglichkeit, die engen Formen des Denkens und die Beschränktheit der Phantasie zu überwinden und das Leben im Hades farbiger auszumalen. Der Hadesaufenthalt enthält somit einen anderen Sinn und andere Inhalte. Das Gestaltlose und Milchige des Skotos (Dunkelheit) gewinnt deutliche Umrisse, und die Unterwelt erhält eine positivere, kontrastreichere und anschaulichere Darstellung.

Bei der orphischen Katabasis (Fahrt in die Unterwelt) hat man somit eine phantasievollere, lebendigere Vorstellung vom unsichtbaren Reich der Schatten, die damit auch nicht mehr nur Grauen auslösen.

Dabei spielen die Erdmutter Demeter und ihre Tochter Persephone eine wichtige Rolle. Demeter ist als Herrin der Toten zornig und manchmal auch furchtbar böse, wenn es die Situation verlangt. Gleichzeitig aber kann sie auch gütig und fruchtspendend sein. Sie ist sowohl Grabesgöttin wie auch Göttin der Lebenswiege. Persephone ist der sterbende Mensch, der die Unterwelt mit der Oberwelt halbjährig tauscht. Dieses Auf und Ab ist in einen Kreislauf eingebunden, wie die zyklische Abfolge der Jahreszeiten: im Herbst das Sterben, im Frühling Neugeburt. Hades wird damit zum Grab, das auch Geburt bringt. Persephone entrinnt dem Hades, obwohl sie zu ihm zurückkehrt.

Statt aus dem Quell des Vergessens, Lethe, wird aus dem Quell der Erinnerung getrunken, was an frühere Geburten erinnert und somit die Hoffnung einer schöneren Wiedergeburt nach dem Tod bestärkt. Diese Hoffnung wächst im Tod mit. Der Tote, der begraben wird, verpuppt mit der Zeit. Die Leiche verkrümmt sich dann zum Embryo und erwartet geduldig ihre Wiedergeburt. Das Grab begräbt einen nicht und behält einen nicht auf ewig, sondern trägt zum Reifen bei. Aus dem Verpuppten im Schattenreich soll der Schatten wiedergeboren werden.

Das eleusinische Geschehen erlaubt es auch uns vielleicht, eine eleusinische Hoffnung zu haben, ähnlich dem Frühlingsbild: wie die Erde selber aus der Leichengestalt wieder hervorkommt. Auch Dionysos, als Gott des feuchten und befruchtenden Lebens, trägt die dialektische Bezeichnung ἡμέρα νυκτερινή, nächtlicher Tag (Schatten und Tag).

Die eleusinischen Mysterien erhalten durch die Einbeziehung des Fruchtbarkeits- und Frühlingsgottes Dionysos mit den orgiastischen, ekstasischen und reinigenden Feiern einen besonderen Inhalt, welcher das Bild von der Schattenwelt verändert. Die Anabasis (Aufsteigen) aus der Schattenwelt des Hades geschieht im Frühling, wenn die Sonne wieder strahlt. Die Hadesschatten weichen, und es bleiben nur die lebendigen Schatten der wiedergeborenen Menschen sichtbar. Die fruchtbare Demeter und der dionysische Akzent lassen das Dasein im Hades nur als einen Zwischenaufenthalt erscheinen.

Die prähellenistische Hoffnung auf Wiedergeburt gewinnt Gestalt, das Nichts formt sich, und die Überwindung des Todes wird zum Inhalt für den Weg des Menschen in seiner Auseinandersetzung mit dem Tod. Er wird auch sensibler für die Bedeutungen von Schattenphänomenen und achtet somit mehr auf seinen eigenen Schatten, auch während seines irdischen Daseins.

Vieles von dem hier Gesagten mag dem heutigen Leser allzu mystisch erscheinen. Aber jedenfalls kann man als Ergebnis festhalten, daß es auch in der griechischen Mythologie eine viel hoffnungsvollere Sicht der Schattenwelt gibt, als allgemein bekannt ist. Könnte dies nicht auch für uns eine Aufforderung sein, unser eigenes Verhältnis zum Schatten zu überdenken?

Kapitel 10

Ansätze einer «Schattentheorie» für die Therapie

Der Schatten als Medium

In den bisherigen Abschnitten dieses Beitrages ist vielleicht deutlich geworden: Aufgrund der Mythen und der verbreiteten Vorstellungen, die sich mit ihm verbinden, kommt dem Schatten eine besondere Bedeutung zu, die ihn als Medium in der Therapie geeignet erscheinen läßt.

Selbstverständlich können das Menschenschattenspiel als Methode und der Schatten als Medium kein eigenständiges Therapieverfahren sein; ich integriere beide in meine therapeutische Arbeit, in der ich verschiedene Elemente – u. a. psychoanalytisches Gedankengut, Erkenntnisse der Gestaltpsychologie, Grundannahmen des Existentialismus und östliche Meditationsformen – zu einem Ansatz dialogischer Behandlung verbinde. Durch das Hinzuziehen von kreativen Methoden, Kunst- und Gestaltungsmedien sowie bewegungs- und körperzentrierter Verfahren wird integrative Gestalttherapie zu einem Therapiesystem, das die Komplexität und die vielen Dimensionen menschlicher Existenz in ihren Zusammenhängen und Verwobenheiten zu berücksichtigen versucht.* Dabei geht es um die Entwicklung von Identität im Lebenszusammenhang, abgespaltene Persönlichkeitsanteile auf die Bewußtseinsebene zu holen; zu lernen, damit umzugehen und die Kräfte dafür zu entwickeln und zu stärken, wozu die künstlerische Betätigung besonders beiträgt.

* Ich versuche, meine diesbezüglichen Erfahrungen und Bemühungen in den Kontext der Kunst- und Kreativitätstherapie zu integrieren. (Vgl. Petzold 1975 und Petzold 1985, Canacakis 1985 a, Canacakis 1985 c, Canacakis 1985 e)

Der «Schatten» als künstlerisches und kratives Medium weckt durch seine natürliche «Ladung» mit Symbolik und Phantasie Gefühle und Ausdrucksmöglichkeiten außerordentlich. Dies wurde schon in den vorhergehenden Ausführungen, wo es um die Wirkungen des Schattenspiels ging, deutlich. Wie nun kann man sich diese aus psychologischer Sicht erklären? Und wie kann man sich dies dann in der Therapie nutzbar machen?

Der Schatten als eine der ersten Erfahrungen nach der Geburt

Schon drei Monate vor der Geburt hat das Neugeborene Kontakt zu seiner Umwelt durch sein Hörorgan. Nach der Geburt kommt die Stunde der Augen: Das (immer noch meist) grelle Licht und die Unfähigkeit des optischen Organs, in dieser Entwicklungsphase Strukturen wahrzunehmen, sind eine Quelle der Unsicherheit für das Neugeborene. Diese dauert so lange, wie das Organ Zeit braucht, um sich an die neue ungewöhnliche Umgebung zu adaptieren. Diese Zeit aber ist mit Streß verbunden.

Recht schnell entwickelt das Kind die Fähigkeit, den Kontrast hell/dunkel wahrzunehmen, und bald schon auch kann es den Haaransatz vom übrigen Gesicht der Mutter, wenn auch verschwommen, unterscheiden. Das Kommen und Gehen, das Sich-Nähern oder Sich-Entfernen des Schattens der Mutter, der bald immer deutlicher wird, sind ebenfalls mit körperlichen und seelischen Reaktionen des Säuglings verbunden. Nahender Schatten bedeutet: Nahrung erhalten, Körperkontakt, Wärme, Wohlgefühl, der sich entfernende Schatten meistens Angst und ungute Empfindungen.

Aussagen von Patienten und Klienten in Einzel- oder Gruppenarbeit, die in die Tiefe geht, oder bei Tiefeninterviews bestätigen diese leib-seelische «Atmosphäre» im Angesicht eines Schattens: der Schatten also als eine «nachakustische» und «präverbale» Erfahrung, d. h. vor jeglicher Spracherfahrung und noch bevor das Neugeborene in der Lage ist, sich orientieren zu können. Diese Phase ist für die Arbeit mit dem Schatten von besonderer Bedeutung, ich möchte sie als *«präoptische Schattenphase»* bezeichnen.

Phantasie-, Traum- und Tagtrauminhalte, die in unserem Schatten zu finden sind, können unsere Entfaltungsmöglichkeiten stark beeinflussen, indem sie uns z. B. dauernd stimulieren oder aber unsere Wahrnehmung verzerren und unsere Handlungsmöglichkeiten hemmen. Unter «Schatten» versteht die Jungsche Psychologie (vgl. Jung 1967) diejenigen Eigenschaften und Tendenzen der Persönlichkeit, die das Ich nicht zu akzeptieren bereit ist, nicht wahrhaben möchte und kann. Es ist eine Art «Negativ» des Bildes, das wir uns von uns selber machen, das aber sehr von unserer eigenen Geschichte und unserer kulturellen Herkunft abhängt und weitgehend unsere persönliche Entwicklung bestimmen kann.

Was wir nicht sein wollen, findet sich meistens in unserem Schatten wieder. Häufig sind aber die abgewehrten Anteile Bestandteil unserer Persönlichkeit. Das Abgewehrte und Verleugnete verschwindet nicht ganz, sondern verweilt im dunklen Hintergrund des Unbewußten und wartet auf Stimulation, um seine Spannung an den Organismus weiterzugeben. Wenn wir die Augen vor dem eigenen Schatten schließen, dann verschwindet nicht der Schatten, sondern wir versinken in Dunkelheit, so daß der Schatten nicht mehr sichtbar sein kann. Da diese Dunkelheit nur durch das Schließen der Augen entsteht, müßten wir dauernd die Augen geschlossen halten, um den Schatten in uns nicht zu «sehen». Ein solches Verhalten würde bedeuten, blind durch die Welt zu wandeln, was mit Angst, Unsicherheit, Bedrohung und Orientierungslosigkeit verbunden wäre.

Als Alternative bleibt, die Augen zu öffnen und hinzunehmen, daß unser Schatten immer da ist und ständig auf uns wirkt und daß er vorhanden bleiben wird, solange wir leben.

Er wird uns an unsere anderen Seiten erinnern, weil er auch alles enthält, was uns fehlt, und alles, was wir haben und sein wollen, aber uns nicht trauen.

Andererseits ermöglicht uns unser Schatten, ihm alle vermiedenen, verdrängten, verleugneten und abgespaltenen Anteile aufzuladen, die wir so nah in uns als bedrohlich erleben, und damit übermäßige und unerträgliche Spannung für kurze Zeit ein wenig zu reduzieren. Indem wir es versuchen und es erreichen, die abgespaltenen und nicht akzeptierten Anteile nach draußen zu bringen, in Form von Projektionen als «Feindschema» und als das «Böse», erhalten wir die Gelegenheit, den Gegenpol in uns sichtbar und erlebbar zu machen.

Das therapeutische Spiel mit dem menschlichen Schatten, wie ich es vorschlage, ermöglicht uns diese Gegenüberstellung und gibt uns die Chance, eine Auseinandersetzung zu wagen, dabei den Gegenpol in uns und draußen wahrzunehmen, zu identifizieren, ihn näher anzuschauen und damit der Polarität in der eigenen Persönlichkeit zur Deutlichkeit zu verhelfen und so den Weg zur Integration zu eröffnen. Unseren Schatten in uns können wir selber nicht sehen, d. h. wir haben und tragen in uns einen blinden Fleck. Solange der Schatten «in uns» ist, bleibt er unsichtbar. Erst durch die Projektion nach außen, so wie es uns das Menschenschattenspiel ermöglicht, erhalten wir die Chance, die Schatten-Anteile in uns anzusehen und uns damit zu befassen.

Wenn Menschen sich einer therapeutischen Erfahrung mit dem eigenen Schatten auf der Leinwand ausgesetzt haben, sind sie oft entsetzt und empfinden Angst und Mißmut für dieses «Gegenüber», das ihnen anfangs gänzlich unbekannt zu sein scheint. Der vorherrschende Umgang mit der Erfahrung ist dann, den Schatten einfach wieder verschwinden zu lassen – in der trügerischen Erwartung, davon nun befreit zu sein.

Dem therapeutisch interessierten Laien sei hier gesagt – und das muß an dieser Stelle genügen: Wenn wir den Schatten in uns spüren, uns aber wenig darum kümmern oder den Schatten nach außen projizieren, aber gleichzeitig die Augen davor schließen, dann wird er zum Daueropponenten und versinkt gleichzeitig in gut ausgesuchten, dunklen Ecken unseres Körpers. Es dauert dann nicht sehr lange, bis sich dieser Schatten in ein körperliches oder seelisches Symptom verwandelt. Und dieses versucht dann weiterhin, etwa durch einen körperlichen Schmerz, uns auf Unerledigtes, Unabgeschlossenes und Abgelehntes aufmerksam zu machen.

Und was tun die meisten von uns in solchen Fällen? Sie gehen auf das Symptom mit einer direkten Konfrontation zu, die *nur* auf Beseitigung hinzielt. Dafür gibt es genügend Mittel – von Tabletten bis zu operativen Eingriffen, Bestrahlungen oder starken «chemischen Keulen», aber auch Alkohol und anderen leichten bis harten Drogen. Wir werden das Symptom los, das als Ausdruck des oppositionellen Schattens in uns mit Gewalt an seiner sinnvollen Präsenz gehindert wird. Wir sind blinder als zuvor! Wenn wir uns aber mit unserem Schatten und seinem Symptomausdruck auseinandersetzen, kann ein Dialog entstehen, der zur «Zweiheit» und Integration führt. Und dieses bedeutet, gesund zu werden.

Hieraus kann man die Bedeutung ersehen, die das therapeutische Menschenschattenspiel gewinnt, wenn daraus eine klare und faire Auseinandersetzung mit unserem Schattenanteil resultiert.

Schatten als «synrespondentes Phänomen»

Der menschliche Schatten ist ein Medium, dessen Inhalte, wie aus den vorherigen Kapiteln ersichtlich wird, sehr komplex und vielschichtig sind. Zudem enthält er ein starkes Stimulierungspotential. Die Bezeichnung *«synrespondentes Objekt»*, wenn es um Beziehung und Raum geht, und *«Transrespondenz»*, wenn es um Prozesse mit dem Medium geht, ist notwendig, um Abgrenzung zu den anderen Medien zu erreichen und auf seine Vieldimensionalität hinzuweisen.

Syn- und *Transrespondenz* bestehen aus: *«respondere»* = «gegenüberliegen, beantworten, sich verantworten», was aber auch «abwehren» und sogar «gemäß und ähnlich sein» bedeuten kann, und dem ebenfalls lateinischen Wort *«trans»* = «über, hinaus, ein normales Maß überschreitend» und schließlich aus dem griechischen Verbindungswort *«syn»* = «zusammen, mit».

«Synrespondentes Objekt» bedeutet somit, daß der Schatten ein «Gegenüber» darstellt, mit dem man in Kontakt kommen kann. Der Schatten als körperliches Ich auf der Leinwand gegenüber, von Angesicht zu Angesicht, eine Art Maske, eine dunkle Maske, die sich über den Schattenkörper zieht und sich zweidimensional bewegt, die einen Eindruck auf das Selbst macht und neue Reaktionen hervorruft: «Das Licht macht aus einem zwei. Die Lichtwellen mit den Lichtpartikeln tragen einen Teil von mir hinüber. Wir kommen in Dialog. Ich habe Angst und Achtung vor dir, hoffentlich du auch vor mir. Das Licht verbindet uns und bringt auch Impressionen herüber. Ist das Licht weg, dann bleibe nur ich hier und du nur in meiner Erinnerung.» Auf diese Weise könnte der «transrespondente Prozeß» sich noch lange hinziehen, bis es zu einem Konsens zwischen den beiden käme.

Der Raum zwischen Schatten und Darsteller sorgt für klare Abgrenzung. Beide werden durch das Licht verbunden. Der Schatten bleibt, solange der Darsteller bleibt. Der darstellende Mensch erhält durch den Schatten ständig Informationen über sein Verhalten, was auch eine Beziehungsaufnahme zu sich selbst bedeutet. Seine Schattenerscheinung löst bei ihm Reaktionen aus, die zur Verstärkung oder Reduktion seines Ausdrucks beitragen können. Durch sein Spiel mit dem eigenen Schatten auf der Leinwand wirkt er nicht nur bei den anderen Schattenspielern, sondern in starkem Maße auch auf sich selber. Dieses kann auch Wiederherstellung oder Neuherstellung der Kommunikation zu der Welt und zu sich selbst bedeuten.

Der Dialog mit dem Schattenteil läßt Defizite und Wünsche deutlich werden, was zur Klarheit verhilft und einen Teil der Selbstentfremdung aufhebt.

Im transrespondenten Prozeß erlebt der Patient den Therapeuten oder die Gruppenteilnehmer in ihren Schattendarstellungen als Modelle. Er traut sich dann an Handlungen heran, die tabuisiert, verboten, blockiert oder gar nicht in seinem Repertoire sind. Er wagt sich an sexuell amutende Bewegungen, er läßt Angst kommen und erlebt sie bewußt im Spiel, er probiert symbolisch zu schlagen und Mordszenen darzustellen, er spielt Sterben und traut sich, mit dem Tod oder mit Verstorbenen zu sprechen. Solche Szenen stimulieren die Kreativität, und es entstehen nicht nur aggressive Momente, sondern auch spielerische und künstlerisch anmutende Darstellungen.

Der Menschenschatten als Medium in der Therapie hat folgende Vorteile:

- Er bietet ein erleichterndes und förderndes Vehikel, das die Dimensionen Raum, Objekt und Prozeß in sich trägt und in sich bindet.
- Da aus dem Schatten auf der Leinwand keine Informationen und Botschaften aus dem Gesichtsbereich für den Zuschauer ersichtlich sind, die auch einer Interpretation ausgesetzt wären, dient die Zweidimensionalität als Schutz für den Darsteller. Er kann sich hinter dieser «fließenden, schwarzen Maske» auch verstecken, und bis er sich damit vertraut fühlt, braucht er sich nicht durch überflutende Informationen aus einem realen Gesicht verunsichern zu lassen und bedroht zu fühlen.
- Die «fließende, schwarze Maske» bietet die Möglichkeit, aus der bestehenden Sicherheit in tiefere und unsichere Bereiche zu stoßen und durch kreative Imagination bestehende blockierte Grenzen zu überschreiten.
- Durch die Rückkoppelung, welche aus der Gleichzeitigkeit von drei Rollen – Autor/Regisseur, Darsteller, Zuschauer – entsteht, ist es möglich, Kontakt zu diesen Anteilen des Selbst herzustellen und durch differenzierte Zuwendung zum authentischen Ausdruck und zum Verständnis für sich selber zu gelangen.
- Die Schatten der anderen in einem Schattenspiel mit einer Gruppe fungieren als Modell zur Nachahmung, reißen mit und machen auf Anteile aufmerksam, die im Schatten sind, die man aber selber nicht wahrnimmt.
- Die Gruppe kann als Schattengruppe die Rolle des Chores wie im antiken Drama übernehmen und dem Darsteller beistehen und ihn unterstützen oder ihn herausfordern.

- Durch die Gruppengemeinsamkeit der Schatten, durch das Gefühl, ein Teil des Ganzen zu sein, herrscht eine schützende und nicht belastende Atmosphäre, die im gemeinsamen Erleben mit dem Leiter/Therapeuten an Bedrohlichkeit verliert, den Umgang mit Störungen ermöglicht und den Weg zur Problembewältigung öffnet.
- Zuletzt ist noch auf die Bedeutung der Schattensymbolik hinzuweisen, und dabei handelt es sich nicht um eine «statische», sondern um eine «dynamische», also eine «sich wandelnde» Symbolik.

Kapitel 11

Ziele und Inhalte der therapeutischen «Schattenarbeit»

Wir sehen den Menschen als Ganzheit, dessen Basis sein Leib ist, als Ort sinnenhafter Wahrnehmung und als Ausgangspunkt, aber auch als Ende der jeweiligen Existenz. Existenz ist immer im Lebenszusammenhang gesehen als «Mit-Sein» in der Welt. Sinn ist dann möglich, wenn er mit den anderen gesucht wird. Der Mensch besteht aus gesunden wie auch aus kranken Anteilen. Also: Gesundheit und Krankheit sind zwei wichtige Dimensionen eines Ganzen, des ganzen Menschen. Erkrankung wird als Prozeß, als etwas, was sich in Wandlung befindet, und nicht als etwas Statisches gesehen, bei dem Körper, Geist und Seele nicht im Einklang sind.

Ziel unserer Bemühungen ist die Wiederherstellung der Selbstregulationstätigkeit des Organismus durch Mobilisierung aller Potentiale im Klienten, die ihm ermöglichen herauszufinden, wie er diese Schwierigkeiten selbst erzeugt.

Wahrnehmungsaufgaben während der Schattenarbeit sollen die gesunden Anteile und Potentiale, die er nicht kennt, oder solche, die blockiert brachliegen, mobilisieren.

In der Vorbereitungsphase sollen aus der Betrachtung der Lebenszusammenhänge folgende Fragen beantwortet werden:

- Was ist im Lebenszusammenhang verloren und wird nicht zurückkehren? Was legt eine Trauerarbeit nahe?
- Welches Defizit steht im Vordergrund und drängt nach Auffüllung oder ist gestört und drängt nach Wiederherstellung?
- Was gibt es für ein Potential, das noch nicht mobilisiert wurde?
- Welche gesunden Anteile sind noch da, die bewußt gemacht werden sollen und erhalten werden müssen?
- Wie stark ist die Entfremdung zu sich selber und zu den anderen, und welche Störung gibt es in der Beziehung der Person zur Welt?

Dabei geht es im einzelnen um Aufgaben und Probleme wie die folgenden:

- Auseinandersetzung mit dem eigenen Schatten, wo Persönlichkeitsanteile sind, die bis jetzt vermieden und nicht akzeptiert wurden.
- Konfrontation mit Anteilen im eigenen Schatten, die in Form von Regeln, Normen, Verboten als verinnerlichte Seiten unserer Eltern und Lehrer uns am Leben hindern, da sie viel Energie binden, die wir zum Leben brauchen.
- Die positiven Seiten der Schatten in uns entdecken, die zum Gleichgewicht beitragen können.
- In tiefergehenden Arbeiten den Vorteil des Schattens in Anspruch nehmen und das existentielle Todesthema ansprechen.
- Unklare Persönlichkeitsanteile transparent machen und neu zu strukturieren versuchen.
- Den eigenen Schatten als Partner für einen inneren Dialog gewinnen und als Zufluchtsort benützen, wenn es anders nicht mehr auszuhalten ist.
- Im Schatten das Spielerische entdecken und damit zum eigenen Ausdruck gelangen.
- Durch die Arbeit mit dem Schatten Kompetenz im Umgang mit sich selber und den anderen erwerben und diese Kompetenz in der Welt draußen verwenden.
- Durch die Schattenarbeit frühere Erlebnisse und damit den eigenen biographischen Kontext begreifen, um dabei die eigenen Möglichkeiten für eine lebenswerte Lebensgestaltung zu entdecken.
- Durch die erlebnisaktivierenden Möglichkeiten methodisch aufgebauter Schattenarbeit verdrängte, abgespaltene und entfremdete Anteile aus Szenen und Ereignissen des Lebens im Nacherleben und Neuerleben integrieren.

Aneignung als spezifisches Ziel der «Schattenarbeit»

Aneignung, «reowning», ist eine der wichtigsten Grundlagen der Gestalttherapie (vgl. Petzold 1984 und Petzold 1974). Die Phänomene und die Verläufe der Schattenarbeit sind Wandlungsprozesse, die zum

Wachstum der Persönlichkeit führen und dann assimiliert und integriert werden.

Bei diesen Prozessen geht es um Aneignung oder, besser gesagt, um Wiederaneignung von abgespaltenen Anteilen, die unerledigt geblieben waren, vermieden und verdrängt wurden: Lebensanteile, die dem Lebensganzen wieder zugeführt werden.

Entfremdung vom Leib, von anderen, von der Welt, von der Zeit, von der eigenen Geschichte wird bei der Schattenarbeit bewußt gemacht durch die Wahrnehmung der besonderen Distanz zum eigenen Schatten. Das projizierte «Böse» und alle unangenehmen Eigenschaften der eigenen Persönlichkeit werden auf der Leinwand gut «sichtbar», von «Angesicht» zu Angesicht. Die Schattenarbeit ermöglicht diese Auseinandersetzung und führt zum Akzeptieren der projizierten Anteile, die wieder zu eigenen gemacht werden, so daß man wieder «ganz» werden kann.

Solche Aneignungsprozesse finden statt, wenn man Lebensbilanzen macht und durch Lebensrückschau und Lebensvorschau die ganze Lebensspanne ordnet und «wieder ganz macht». Angeeignet wird auch noch Leibliches, was zu einer Versöhnung mit dem Leib führt, aber auch zu besseren zwischenmenschlichen Kontakten.

Ansätze zur Strukturierung der Schattenarbeit

Die Arbeit mit dem Schatten bedarf einer Struktur, die eine Orientierung ermöglicht und so den therapeutischen Umgang mit dem Schatten erleichtert. Dazu sollen die folgenden schematischen Darstellungen beitragen.

Jedes der folgenden 6 Schemata zeigt einen idealtypischen «Schattenzustand». Die Kreise stellen die Person, das Selbst, die Persönlichkeit dar, die Halbkreise in Schema 5 und 6 zeigen die Möglichkeiten des therapeutischen Spiels mit dem Schatten.

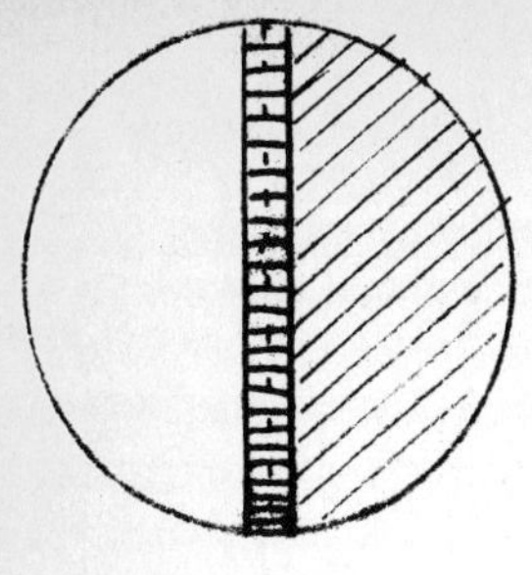

Schema 1: Undurchlässige Schattengrenzen

Die Person grenzt sich vom eigenen inneren Schatten total ab, ein Kontakt wird vermieden. Der Schatten gewinnt in Krisensituationen an Bedrohung, und man muß den Abgrenzungsbalken durch zusätzliche Versteinerung und damit durch Isolation von der anderen Hälfte immer stärker sichern. Entfremdung und Schuldgefühle herrschen vor.

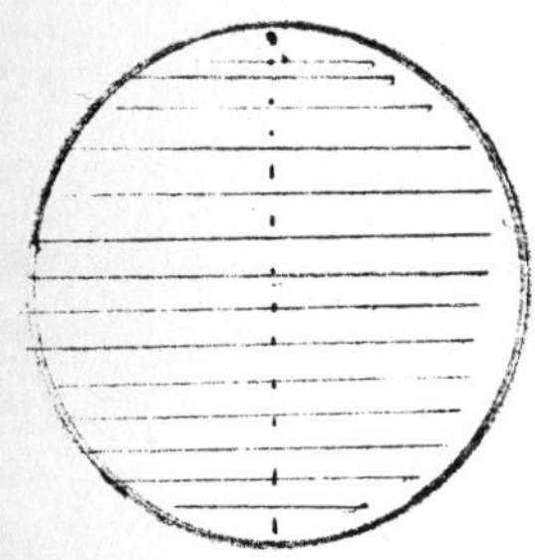

Schema 2: Grenzlosigkeit und Schattenüberflutung

Die Grenzen zur inneren Schattenseite sind durchbrochen. Der Schatten überflutet die ganze Persönlichkeit. Die Person wirkt «konfluent». Der Kontakt zu sich selber existiert nur als diffuse Empfindung, und für einen Dialog gibt es kein «Gegenüber» mehr.
Die Schattenseite übernimmt auch bei der «Sonnenseite» der Persönlichkeit die Oberhand. Permanente Angst und Orientierungslosigkeit sind die Folgen.

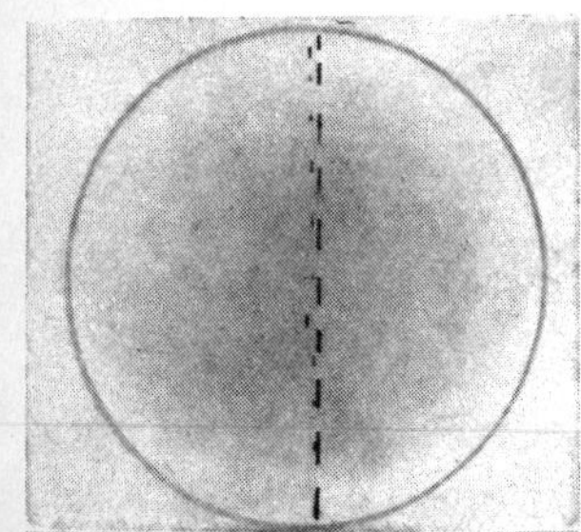

Schema 3: Schattenabwesenheit

Es gibt weder Licht noch Schatten. Dies erinnert eher an einen Dämmerzustand. Die Person läßt keinen Schatten in sich entstehen. Die ganze Energie wird dazu verwendet, die Schattenseiten permanent nach außen zu projizieren (= negative Projektion). Die Person weiß nichts von der Existenz eines eigenen Schattens und scheint auch nichts davon wissen zu wollen. Bei diesem Defizit an Lebensenergie, bei dieser Willenlosigkeit und Bedürfnishemmung verliert man sich in gedanklichen Schweifexkursionen.

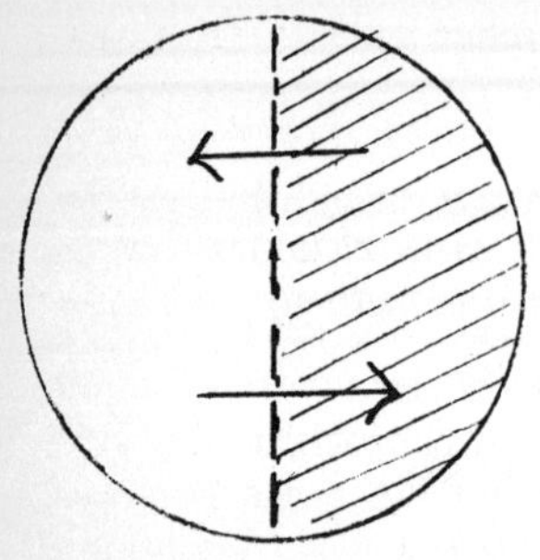

Schema 4: Klare transparente Schattenabgrenzung

Wo es Licht gibt, gibt es auch Schatten. Der innere Schatten folgt dem Licht, und es entsteht ein Prozeß, der für Gleichgewicht sorgt. Die zwei Seiten der Persönlichkeit sind im Dialog. Es herrscht klare Abgrenzung, guter Kontakt und Verständnis füreinander. Die Transparenz der Grenze vermindert die Angst der einen vor der anderen Seite.

Schema 5: Bewußt projizierte Eigenschatten

Das Ansehen des eigenen, auf eine Projektionsfläche geworfenen Schattens erlaubt die direkte, offene Auseinandersetzung mit den eigenen Anteilen, die auf der Leinwand sichtbar werden. Die inneren Zustände in Schema 1, 2 und 3 können damit einer Verarbeitung unterzogen werden. Der Abschluß dieses Prozesses ermöglicht die Bewußtmachung des eigenen Schattens und erleichtert die Integration in die eigene Persönlichkeit (= positive Projektion).

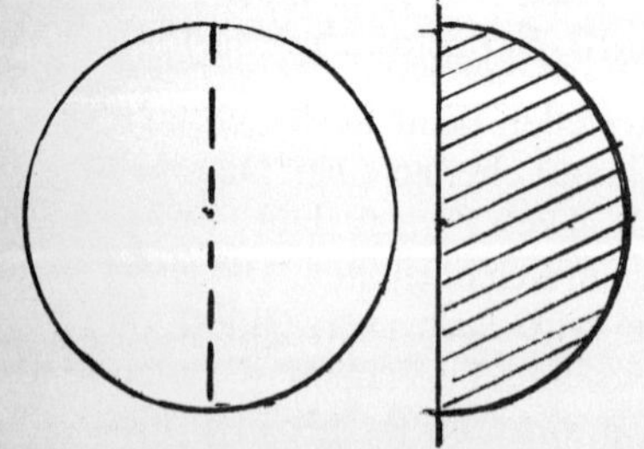

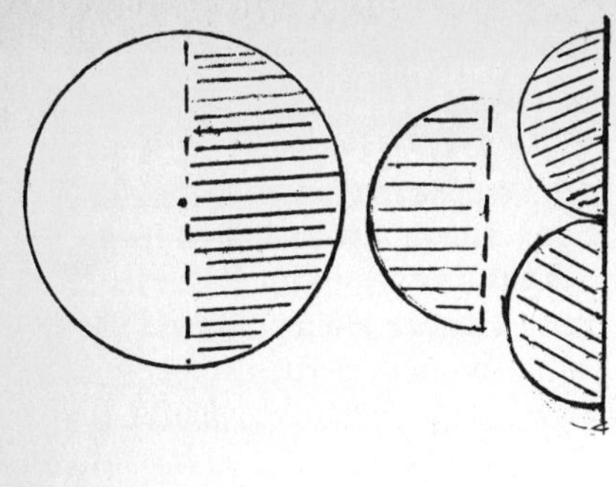

Schema 6: Die Schatten der anderen

Bei dem Spielen mit dem menschlichen Schatten, dem eigenen, aber auch dem der anderen, entsteht die Möglichkeit, die anderen Schatten als Fläche für die eigene Projektion in Anspruch zu nehmen oder die anderen Schatten der Gruppenteilnehmer, einzeln oder in Gruppen als «Schattengegenüber», auch als Modelle und als Dialogpartner in den Prozeß einzubeziehen.

Methoden, Techniken und zusätzliche Medien

Das Schattenspiel wird als Methode erst effektiv, wenn es in einen offenen, therapeutischen Ansatz integriert wird. Es würde hier zu weit führen, wollte ich den gestalttherapeutisch orientierten Rahmen meines Ansatzes und die Integration der Schattenarbeit im einzelnen darstellen. Ich will aber dennoch einige Hinweise darauf geben, wie durch die Schattenarbeit Wahrnehmung, Assimilation und Integration von abgespaltenen Anteilen und dadurch Wachstum der Persönlichkeit gefördert werden können.

- Übungszentrierte Schattenarbeit

Ziel ist dabei, die Aufmerksamkeit zu wecken und die Wahrnehmung auf den Schatten zu konzentrieren sowie zu einer differenzierten Wahrnehmung des eigenen und der fremden Schatten zu kommen. Durch die «Einübung» soll der Akteur mit dem Medium vertraut, der Weg für kreative Phantasieanregung durch den Schatten geöffnet werden.

Phasen bei diesem Vorgehen sind: Schattendifferenzierungstraining, Kontextbildung von Schatten, Bewegung und Leibempfindungen, Improvisationsübungen mit dem Schatten, Imaginations- und Bildererlebensübungen. In Verbindung mit dem Schatten werden auch Stimm- und Atemübungen sowie gruppengerichtete Übungen initiiert.

- Erlebnis- und spielzentrierte Schattenarbeit

Der Schatten kann das ganze Erlebnisspektrum in Bewegung versetzen und somit eine ganze Reihe von Stimmungsqualitäten lebendig werden lassen wie Faszination, Angst, konzentratives Verharren, lustvolles und genießerisches Tun, Trance, Höhepunkterlebnisse, emotionale Ausbrüche, die als Katharsis erlebt werden können. Darüber hinaus wird spielerisches Tun angeregt, das zudem die Erlebnis- und Ausdrucksfähigkeit erweitert und bereichert.

Dies wird durch geeignete Vorschläge für Einzel- und Gruppenimprovisationen mit dem Schatten ermöglicht.

- Konfliktzentrierte und aufdeckende Schattenarbeit

Die Auseinandersetzung mit dem Schatten führt nicht nur zur Bearbeitung der aktuellen Problematik, sondern läßt auch viele Erinnerungen und Unerledigtes aus der Vergangenheit auftauchen.

Der Prozeßverlauf wird begleitet von Improvisationsvorschlägen, die es ermöglichen, die in den Vordergrund gerückten unerledigten Anteile in der «positiven Projektion» zu verarbeiten.

Der vierstufige Ablauf der Schattenarbeit *

Der Ablauf – wie er im folgenden geschildert wird – ist Entwicklungs- und Verarbeitungsprozeß zugleich. Die Phasen bauen aufeinander auf: die nächste kann erst folgen, wenn die vorherige die Voraussetzungen geschaffen hat.

* Dabei orientiere ich mich an dem sogenannten tetradischen Prozeß nach Petzold 1977

1. Eingangsphase

Gemeinsames Vorbereiten der Schattenprojektion (Tuch, Licht), Kontakt anbahnen zwischen Darsteller und Therapeut oder Darsteller und den anderen. Übungen zum Gruppenzusammenhang. Erster Kontakt mit dem projizierten Schatten. Aufnahme des Konflikts. Phase der Anamnese und erste Annahme über die Diagnoserichtung. In diese Phase gehören auch die meisten Übungsangebote, die das notwendige «Anwärmen» für die nachfolgenden Phasen ermöglichen.

Das anfängliche Experimentieren mit dem Schatten und die Wirkungen der projizierten Schatten werden im Hier und Jetzt des Erlebnisses zur Prägnanz geführt. Aus der aktuellen Geschichte des Protagonisten sollen jetzt auch die wechselseitigen Zusammenhänge seiner Lebenssituation einander angenähert werden, und dieses führt zur nächsten Stufe.

2. Aktionsphase

In der Aktionsphase wird durch spielerisches Tun, Körperbewegung – auch unter der Wirkung von Musik –, stimmlichen Ausdruck, z. B. bei Gedicht- und Prosatexten, die Schattenprojektion zur Mehrdimensionalität erhoben. Folgende Techniken erhöhen dabei die Phantasietätigkeit, Ausdrucksfähigkeit und Kreativität:

- Hilfsschatten (analog dem «Hilfs-Ich» im Psychodrama)
- Schattenchor (analog dem Chor im antiken Drama)
- Schattenpanorama (analog dem Lebenspanorama nach Petzold)
- Schattendrama (dramatische Auseinandersetzung zwischen den Personen in Wort und Bewegung)
- Schattenmonolog
- orgiastischer Schattentanz
- Schattenekstase
- Schatteninferno (man spielt das Geschehen im Jenseits, in der Unterwelt, wie es in den antiken Mythen vorkommt, und dort versuchen die Schatten alles, was sie belastet und alle unerfüllten Wünsche mit allen Möglichkeiten des Ausdrucks darzustellen, so daß sie symbolisch wieder lebendig werden können.)
- Schattenmeditation (länger andauernde konzentrative Betrachtung des eigenen Schattens in einer entspannten vorbereiteten Haltung)

Der dabei intensivierte Erlebensprozeß entwickelt sich zum reinigenden Ereignis und oft auch zum Evidenzerlebnis, da der Mensch sich in seiner Gesamtheit als leib-seelisches-geistiges Subjekt erfahren kann. Durch bestimmte Techniken helfen wir, den Dialog mit dem eigenen Schatten aufzunehmen, und reduzieren die Entfremdung zwischen den gespaltenen Anteilen der Person.

3. Integrationsphase

In dieser Phase kann man durch Rückschau, Feed-back, Reflexion und Aufhellung des projektiven Prozesses Einsicht aus der erzielten Transparenz der Erlebnisse gewinnen.

4. Neuorientierung

Aufgrund dieser gewonnenen Einsicht und aufgrund des Verständnisses für die abgelaufenen Prozesse probieren wir einen neuen Umgang mit dem Schatten aus, um unsere Fähigkeiten zu verändern bzw. zu erweitern.

Kapitel 12

Erfahrungen aus meiner therapeutischen Arbeit

Die Möglichkeiten, mit dem Medium Schatten in Therapie, Rehabilitation, «Wachstumsgruppen», aber auch in der Prävention zu arbeiten, sind beinahe unbegrenzt. Sein besonderer Charakter macht ihn in Fällen wie Sterben, Tod, Trauer, bei unheilbaren Krankheiten sowie auch bei negativer Projektion geradezu unersetzlich.

In dem Wissen, daß therapeutische Prozesse schwer zu beschreiben sind, da wichtige Dinge nonverbal verlaufen, möchte ich ein paar kurze Arbeitserfahrungen anführen.

Eine chronisch trauernde Frau

Gisela* ist Witwe und 63 Jahre alt. Ihr Mann ist im Krieg gefallen. Seine Leiche hat man nicht gefunden. Sicher ist, daß seine Einheit damals aufgerieben wurde. Es war in Stalingrad. Der Brief, den Gisela von der Armee erhalten hatte, hatte ihr keine Klarheit über diesen Verlust gebracht. Sie hoffte immer. «Verschollen», so meinte sie, bedeutete, er könne noch zurückkommen. Jetzt wartet sie schon über 40 Jahre.

Und diese 40 Jahre sind eine Zeit voller Verzweiflung, Resignation, Verlassenheitsgefühlen, Ungeduld, Hoffnung und Hoffnungslosig-

* Alle Namen sind geändert.

keit gewesen. Das Schlimmste ist die innere und äußere Einsamkeit und die Isolation. Während des Wartens hat sie auch das Trauern verpaßt.

Was sie stört, ist, daß sie keine Nacht durchschlafen kann. Sie hat Ängste, ist sehr nervös, hat Körperschmerzen und schluckt tagtäglich viele Tabletten, erzählt sie der Gruppe.

Sie ist zum Trauerseminar gekommen, weil ihre Nachbarin, mit der sie oft im Flur geredet und gelegentlich in die Kirche gegangen war, plötzlich, ohne vorher krank gewesen zu sein, verstorben war. Und dadurch war Gisela ganz durcheinander gekommen.

Das ist inzwischen sechs Monate her, in denen sie dachte, alles werde sich wieder zum Besseren entwickeln. Aber es geht ihr heute körperlich und seelisch schlechter als je. Sie ist verwundert und kann es nicht verstehen, daß sie plötzlich in Tränen ausbricht, in der Straßenbahn, bei Freunden, auf der Straße, im Kaufhaus, obwohl sie keine besondere Bindung zu dieser Nachbarin hatte. Gisela wirkt unsicher und kann die Welt nicht mehr verstehen. Ihre Erwartung an das Trauerseminar ist, «dieses verdammte Weinen endlich mal abzudrehen».

Auf meine Frage hin, ob sie dieses Weinen von Fritz – so hieß ihr verschollener Mann – her kennt, schaut sie mich verwundert an und antwortet: «Der kann nicht tot sein und mich alleine lassen.»

Aus ihrer Erzählung erfahren wir in der Trauergruppe, daß sie in ihrer Wohnung seit 40 Jahren nichts geändert hat, weder im Schrank noch im Ehebett. Nachts, wenn sie sich schlafen legt, legt sie ihre Hand auf das Kissen neben ihrem Betteil und sagt zum Fritz: «Gute Nacht, schlaf gut.» Ähnliche Gespräche führt sie mit ihm ab und zu auch beim Abendessen, wenn sie noch einen zweiten Teller auf den Tisch stellt. «Laß es dir gut schmecken. Guten Appetit.»

Zum Friedhof ist sie nie gegangen, auch nicht, wenn im November die Trauertage sind. «Was soll ich da, er ist ja nicht begraben. Er lebt vielleicht noch, und er wird irgendwann kommen.»

Nachdem andere ihre Trauergeschichte erzählt haben, erwähnt sie den Verlust ihrer Nachbarin, betont aber, daß dieser Verlust ihr nicht viel ausmache. Den Verlust ihres Mannes vor 40 Jahren überspringt sie mit dem Satz: «Mein Mann ist vom Krieg nicht zurückgekommen.» Als ihr Ziel sieht sie, zu entdecken und zu begreifen, «warum ich weine, obwohl ich für den Tod meiner Nachbarin nichts empfinden kann.»

Das erste Wochenende des Seminars bleibt sie «Zuschauerin» beim Trauergeschehen der anderen. Einerseits kann sie verstehen und ohne Tränen für die anderen Witwen mitempfinden, andererseits meldet sie Zweifel an, ob ihre sonderbare Trauer hier angegangen werden kann.

Die Geschichte nimmt einen neuen Verlauf, als am nachfolgenden Wochenende die Gruppe sich entschließt, Spiele mit dem menschlichen Schatten zu versuchen. Gisela will zunächst selber nicht am Spiel teilnehmen, sondern Zuschauerin bleiben. Dann kommt die Übung «Schattenassoziationen», bei der jeder versucht, Gedanken, Gefühle und Phantasien durch Bewegung auszudrücken, welche auf eine Leinwand in der Mitte des Raumes projiziert wird.

Als eine Teilnehmerin mit Körper und Stimme den Schatten eines Soldaten im Marschschritt auf die Leinwand bringt und dieser den Raum einige Male durchmißt, wird Gisela unruhig und schaut mit ängstlichen Gefühlen zur Leinwand. Der Schatten wechselt seine Form und seine Konturen, sobald die Teilnehmerin, die den Soldaten spielt, sich der Lichtquelle nähert oder von ihr entfernt. Einmal wird er mächtig und riesengroß, um wenig später gekrümmt und zusammengebrochen auszusehen. Für Gisela wird es unerträglich, als ein Teilnehmer das Knattern eines Maschinengewehrs imitiert und der marschierende Soldat auf einmal wie vom Blitz getroffen auf den Boden fällt. Gisela schreit laut auf: «Nein, nein, das kann nicht sein. Es ist nicht wahr.» Und sie hält ihre Hände vor Augen und Mund, um das Sehen und Schreien zu unterbinden.

An dieser Stelle kommt Gisela an ihre Trauer heran und realisiert den 40 Jahre zurückliegenden Tod ihres Mannes. Sie erklärt sich bereit, sich durch «Schattenarbeit» an die unerledigte Trauer heranzuwagen. Ich versuche, sie durch einige der vorgestellten «Schattentechniken» an ihren Trauerschmerz heranzuführen.

Durch diese und andere Trauerinterventionen (vgl. Canacakis 1984b und Canacakis 1985b) wird es Gisela möglich, sich mit der langverschleppten Trauer auseinanderzusetzen. Sie kann dann ihrem toten Mann von ihrer Enttäuschung erzählen, daß er sie so unendlich viele Jahre hat warten lassen, auch von ihrer Wut und ihren Schuldgefühlen. Damit realisiert sie, daß er tot ist und nie mehr zurückkommen kann. Diese Erfahrung ermöglicht ihr, einen Zugang zum Trauerschmerz zu finden, und dieses bedeutet, daß ihre versteinerte Trauer, die sie krank macht, endlich zum Fließen kommt. Dieses Fließen bedeutet aber auch Lebensenergie, um Entscheidungen für eine Neuorientierung zu treffen. Sie kann dann vor den anderen von ihrem Mann Abschied nehmen.

Helgas Todesängste

Die Projektionsleinwand aus weißem Stoff ist in der Mitte des Raumes aufgespannt. Der Raum ist durch das weiße Tuch in zwei Hälften geteilt: Diesseits und Jenseits. Helga, 41, Bankangestellte, ist Teilnehmerin einer Gruppentherapie, die einmal wöchentlich über zwei Monate laufen wird. Seitdem einer ihrer älteren Kollegen, der ihr im Büro gegenübersaß, durch einen Herzinfarkt vor ihren Augen tot umgefallen ist, lebt sie in dauernder Todesangst. Nachts erwacht sie schweißgebadet und hat Angst, sterben zu müssen. Es entwickelt sich ein Dialog zwischen Helga und einem «Hilfsschatten», der als der Tod auftritt.

Anfangs ist das Gesicht des Todes «hinter Nebelschwaden», doch allmählich erkennt sie ein hämisches Lächeln. Im Rollentausch und in der Identifikation mit dem Tod sagt sie: «Ich bin da, um dir Angst zu machen. Ich werde dich mitnehmen.» Als Helga wieder sich selbst spielt und angstvoll, aber auch fordernd den Tod fragt, was er von ihr möchte, erhält sie ein hämisches Lachen als Antwort. Ich frage sie, ob die erkennbaren Züge im Gesicht des Todes sie an jemanden erinnern. Langes Schweigen. Dann macht sie plötzlich ein erstauntes Gesicht und sagt leise: «Ja, das ist Großvaters Gesicht.»

«Damals», so erzählt sie weiter, «als der Opa starb, war ich sehr jung, so vier bis fünf Jahre. Alle waren traurig, und meiner Mutter ging es sehr schlecht. Sie mußte für ein paar Tage in der Klinik bleiben, war danach immer traurig und weinte viel, aber versteckt. Sie hatte plötzlich wenig Zeit für mich, und ich konnte sehr wenig mit ihr spielen. Als sie mir dann Monate später drohte: ‹Wenn du nicht brav bist, dann wird dich der Opa holen›, war ich sehr lange sehr geängstigt.»

Wir beendeten diese Arbeit mit einer Übung, die «das Schatteninferno» heißt: Die ganze Gruppe durfte dann unter den Klängen einer ekstasischen Musik «tanzen», diesseits und jenseits der Leinwand. Wenn man sich bereit wähnte, ging man über einen mit Kissen vorbereiteten Übergang zur anderen Seite und setzte die Schattenspiele «drüben» fort. Dabei erklangen Töne und Schreie, die an ein Inferno erinnerten.

Während einiger Sitzungen in den folgenden Monaten lernte Helga in spielerischem Verhalten, mit der Angst vor Tod und Sterben weniger angespannt umzugehen.

Wann ist «Schattenarbeit» angezeigt?

Die therapeutische Schattenarbeit läßt eine Vielfalt von Indikationen zu: in Einzel- und Gruppentherapie bei Menschen mit konflikthaftem und neurotischem Verhalten, mit psychosomatischen Erkrankungen, narzißtischen Persönlichkeitsstörungen und bei Personen mit «Borderline»-Strukturen.

Bei psychotischen Erkrankungen rate ich ab, jedenfalls wenn eine aktuelle Problematik vorliegt. Ist dies nicht der Fall, kann man auch psychotischen Patienten die Schattenarbeit zugute kommen lassen, wenn der Therapeut für einen strukturierten Prozeßablauf sorgt, Stütze und Vertrauen bereitstellt und in jedem Moment der eigenen Wahrnehmung und der eigenen Kreativität vertraut, um bei undurchsichtigem Verlauf den Prozeß umwandeln zu können.

Bei Suizidgefährdeten ist Vorsicht angebracht.

In der Bearbeitung von Todesängsten und von Trauerproblemen wie übrigens auch für therapeutische Interventionen bei der Krebsarbeit erscheint mir diese Methode unentbehrlich. In der Familientherapie und der Kindertherapie eröffnet die Arbeit am Schatten neue Möglichkeiten und bereichert und erweitert die jeweiligen Ansätze.

Ohne weiteres einsichtig dürfte auch sein, daß die Einbeziehung der Schattenarbeit für alle nichtklinischen Bereiche von großem Vorteil ist, z. B. bei Drogenabhängigen, im Strafvollzug, in Selbsterfahrungsgruppen und ganz besonders effektiv in Verbindung mit spielerischen Elementen im ganzen Bereich der Erziehung und Pädagogik.

Ausblick

Mit diesem Aufsatz habe ich den Versuch unternommen, auf die Bedeutung des Mediums «Schatten» im therapeutischen Bereich aufmerksam zu machen und ihm zur Popularität zu verhelfen, und zwar aus der Überzeugung, daß die Möglichkeiten, die im «Schatten» stekken, entdeckt werden müssen. Ich habe mich da auf ein faszinierendes Terrain gewagt, was mir oft auch Angst bereitet hat. Dennoch war es für mich bisher eine schöne kreative Erfahrung, die mich voll befriedigte. Da es ein erster Anfang war, habe ich, um den Fluß der spontanen Gedanken nicht zu blockieren, auf Perfektion verzichtet.

Die ersten Schritte sind gemacht. Was als nächstes notwendig ist, sind viele Erfahrungen mit dem Medium, die dann in methodisch ausgereifte Studien münden könnten.

Nachbemerkung des Autorenteams

Schatten – das bedeutet nicht nur Dunkelheit und Düsternis, Schatten – das bedeutet auch Licht, Farbe, Leben, Freude, Kreativität.

Die Beschäftigung mit dem Schatten führt zur Faszination. Den Autoren dieses Buches ging es nicht anders. Selbst beim sonntäglichen Spaziergang wurde die Welt, wurden Licht und Schatten neu betrachtet.

Und so begannen wir auch über das Thema zu lesen, Bücher zu besorgen, zu forschen ... Dabei stellten wir fest, daß es zwar eine Unmenge Bücher über das Schattenspiel, kaum aber welche über das Menschenschattenspiel gibt, und wenn, dann handelt es sich dabei meistens um, gelinde gesagt, nicht ganz frische Publikationen. Also entstand die Idee zu diesem Buch.

Das Wichtigste, was wir dabei lernten, war, daß wir noch viel zu lernen haben. Darum unsere dringende Bitte an alle interessierten Leser und Nutzer dieses Buches, uns Erfahrungsberichte zukommen und es uns auch wissen zu lassen, wenn Sie auf Bücher stoßen, die wir nicht erwähnt haben. Wir wollen alles über das Schattenspiel wissen. Wirklich alles!

Wir veranstalten Seminare zu den in diesem Buch behandelten Themen. Wir lassen uns von Gruppen und Institutionen einladen.

Kontaktadressen:

Jorgos Canacakis-Canás
Goldammerweg 9
4300 Essen 1
(0201) 442469

Gerd Haehnel
Stolper Straße 28
4330 Mühlheim/Ruhr 1

Florian Söll
Kieselstr. 56
4354 Waltrop

Voraussichtlich erscheint in Kürze eine Kartei, in der Teilnehmer an Schattenspielkursen, Schüler usw. angeregt werden, selbsttätig Erfahrungen mit dem Menschenschattenspiel zu machen. Anfragen bitte an Gerd Haehnel oder Florian Söll. Ähnliches ist auch für den therapeutischen Bereich geplant. Anfragen an Jorgos Canacakis.

Bitte ausfüllen,
ausschneiden und einsenden an eine der obigen Adressen

Ich möchte mehr über praktische Schattenspielarbeit wissen.
Besonders interessiert bin ich daran (bitte ankreuzen)

○ an einem Schattenspielseminar teilzunehmen

○ hier ein Seminar oder Workshop mit Ihrer Hilfe zu veranstalten

....

Name Vorname

....

PLZ Ort Straße

....

Unterschrift

Sprachspiele aus der Schattenwelt

Große Ereignisse werfen ihre Schatten voraus
– aber: Wer kann schon über seinen Schatten springen?
Alles hat auch seine Schattenseiten
... du hast wohl 'nen Schatten
einen Kurschatten?
Scharfes Licht wirft scharfe Schatten
Er steht ganz im Schatten von ...
Sie ist nur noch ein Schatten ihrer selbst
wo?! im Reich der Schatten
auf der Schattenseite des Lebens ...
schattenhaft
schattig
ein schattiges Plätzchen
einen Schatten werfen
Du machst mir Schatten
Stellt das nicht alles in den Schatten?
Nein, er folgte ihm wie ein Schatten
Aber auch nicht der Schatten eines Beweises konnte erbracht werden
Sie hatte tiefe Schatten unter den Augen
beschatten
Wirft das einen Schatten auf seine Vergangenheit
Da lag schon der Schatten des Todes auf ihm
Werden die Schatten länger
fiel ein Schatten auf ihr Glück
Denn ein krummer Stecken wirft keinen geraden Schatten
Er möchte am liebsten vor seinem eigenen Schatten ausreißen
einem Schatten nachjagen
zog ein Schatten über sein Gesicht
der Schatten der Nacht ...
im Schatten leben
Schatten geben
Nachtschattengewächse
Schattenspender
ein Schattendasein führen
schattieren
Schattenbild
Schattenriß
Schattenspiel

Der Schatten bringt es an den Tag …

Literatur

Die Literatur ist alphabetisch geordnet. Lediglich unsere Hinweise zur FREINET-Pädagogik haben wir gesondert an den Schluß gestellt.

– Titel, die einen Überblick über das gesamte Gebiet des Schattenspiels geben, haben wir fett gesetzt.

– Titel speziell zum Menschenschattenspiel sind kursiv hervorgehoben, dabei sind jene Titel mit einem o am Schluß gekennzeichnet, welche nur wenige Hinweise oder Anmerkungen zum Menschenschattenspiel enthalten.

Amtmann, Paul: Das Schulspiel. Zielsetzung und Verwirklichung. Ein Handbuch für Volksschulen, Realschulen und Gymnasien. München (Manz) 1968 o

Amtmann, Paul (Hrsg.): Puppen–Schatten–Masken. Ein Handbuch für Volksschulen, Realschulen und Gymnasien. München (Manz) 1966

Arnim, Ludwig Achim von / Eichendorff, Joseph von: Das Loch oder Das wiedergefundene Paradies. Ein Schattenspiel. Das Incognito oder Die mehreren Könige oder Alt und Neu. Ein Puppenspiel. Texte und Materialien zur Interpretation besorgt von Gerhard Kluge. Komedia Band 13. Berlin (Walter de Gruyter und Co.) 1968

Bendel-Klostermann: Sprachschlüssel. Stuttgart (Klett) 1984

Baumann, Hans: Einer findet sein Königreich. Eine Schneider-Komödie für das Schattenspiel. In: Die Ohlendorf-Schattenspiele, Band 2, 1934

Berg, Agnes / Voigt, Gudrun: Schattenspiele für Kinder zwischen 6 und 14 Jahren. Darmstadt (Eduard Bloch) 1969

Bobber, Hans-Leo / Hirschberger, Marie-Luise / Kersten, Ralph: Türkisches Schattentheater Karagöz. Eine Handreichung für lustvolles Lernen. Frankfurt/M. (Puppen und Masken) 1983

Bodisco, Theopile von: Der eingebildete Kranke. Spiel nach Molière, als Schattenspiel inszeniert. Berlin (Theaterverlag Eduard Bloch) o. J.

Bordat, Denis / Boucrot, Francis: Les théâtres d'ombres. Histoire et techniques. Paris (L'Arche) 1956

Bort, Wolfgang: Spielkiste 4. Amateurtheater. Bochum. o. J.

Brömse, Peter: Schneewittchen mit Micky-Maus garniert. Schattenspiel mit Musik. In: Musik und Bildung. Zeitschrift für Musikerziehung, Heft 6, 1983, S. 38–42 o

Brunet, Jacques: Nang Sbek. Getanztes Schattentheater aus Kambodscha. Veröffentlichung des Internationalen Instituts für Vergleichende Musikstudien und Dokumentation, Winklerstraße 20, 1 Berlin 33, 1969

Bührmann, Max: Das farbige Schattenspiel. Besonderheit – Technik – Führung. Bern (Paul Haupt) 1955

Bührmann, Max: Die Magie des Schattens. In: Jugendschriften-Warte 1962, H. 2, Frankfurt/M., S. 9/10

Canacakis-Canás, J.: Trauerverarbeitung im Trauerritual. (Dissertation an der Universität Essen) Mühlheim/Ruhr 1982

Canacakis-Canás, J.: Psychohygiene des Trauerrituals. In: Hove, J./Ochsmann, R., Tod – Sterben – Trauer. Göttingen (Klotzverlag) 1984a

Canacakis-Canás, J.: Bilanz – drei Jahre «Trauerseminare» in Essen. Unveröffentlichter Gastvortrag an der Universität Osnabrück. 1984b

Canacakis-Canás, J.: Trauer – Musik – Ritual. In: Petzold, H. G., Sterben und Kreativität. Paderborn (Junferman) 1985a

Canacakis-Canás, J.: Konzepte für das Trauern. Unveröffentlichter Gastvortrag an der Universität Bochum. 1985b

Canacakis-Canás, J.: Mein therapeutischer Umgang mit Musik. In: Musikpäd. Forschung Bd. VI, Laater (Laater-Verlag) 1985c

Canacakis-Canás, J.: Concepts for an Integrated and Creative Grief-Therapy for People with Various Forms of Lost. In: First International Symposion on Grief and Bereaviment. Jerusalem, Nov. 10.–14., 1985d

Canacacis-Canás, J.: Arbeit an der Stimme als Element der Psychotherapie. In: Kunst und Therapie, Bd. VIII. Münster 1985e

Cordes, Margarethe: Kleine Wanderung durchs Schattenreich. In: Der Puppenspieler. Monatszeitschrift für das gesamte Puppenspielwesen, Heft 3, 1948, S. 35–37

Cordes, Margarethe: Das Schattenspiel als pädagogische Aufgabe. In: Jugendschriften-Warte Nr. 2, 1962, S. 10–13 o

Cordes, Margarethe: Von der Autorin sind mehrere Menschenschattenspiele im Deutschen Theaterverlag (Weinheim/Bergstraße) erschienen. Die Sterntaler. Das tapfere Schneiderlein. Das verliebte Flötenspiel

Dehn, Mechthild / Andresen, Hans-Wilhelm / Groh, Sybille / Wollatz, Hans-Heinrich: Achtung: Sprichwörter! Schattenspiel. In: Praxis Deutsch. Zeitschrift für den Deutschunterricht. Heft 20, 1976, S. 51–54

Diederichsen, Anneliese/Neumann, Ursula: Karagôz – türkisches Schattenspiel in der Schule. Ein fächerübergreifender Unterricht zum Thema Licht und Schatten. In: Sachunterricht und Mathematik in der Primarstufe, 13 (1985), Heft 3, S. 350ff.

Dill, Susanne: Finger- und Schattenspiele. Heidelberg (Kemper) 1958

Dunkel, Peter F.: Schattenfiguren – Schattenspiel. Geschichte – Herstellung – Spiel. Köln (Du Mont) 1984

Finkel, Klaus (Hrsg.): Handbuch Musik und Sozialpädagogik. Regensburg (Gustav Bosse) 1979

Gieseler, Walter (Hrsg.): Kritische Stichwörter zum Musikunterricht. München (Fink) 1978

Graves, R.: Griechische Mythologie. Reinbek (Rowohlts deutsche Enzyklopädie) 1955

Hansmann, Claus: Schattenspiel aus Szetschuan. München (Franz Ehrenwirth) 1964

Happ, Alfred: Licht und Schatten – Scherenschnitt und Schattentheater im 20. Jahrhundert. Katalog zur Ausstellung. München 1982

Heyst, Ilse v.: Alles für Karagöz. Mit Materialien. Stuttgart (Ernst Klett) 1982

Hörmann, Karl: Bewegung und Musik. In: Gieseler 1978, S. 54–59

Jacob, Georg: Geschichte des Schattentheaters im Morgen- und Abendland. Osnabrück (Biblio) 1972 (Nachdruck der 2. Auflage von 1925) o

Joliet van den Berg, Marga: Schattenspiele. Freiburg (Christophorus) 1980

Jung, C. G.: Allgemeine Überlegungen zur Psychologie des Traumes, Ges. Werke, Bd. 8, Zürich 1967

Jussen, Bernhard: Sie lassen ihre Schatten sprechen. Spiel mit Gehörlosen. In: Das Spiel in der Schule, Heft 3, 1968, S. 156/157 o

Krantz, Monika: Vom Zauber des Schattenspiels. In: Frau und Kultur, Heft 3, 1982, S. 14/15 o

Kulessa, Hanne (Hrsg.): Der Schatten. Ein Lesebuch vom verlorenen Schatten ... Darmstadt und Neuwied (Hermann Luchterhand) 1984

Limberg, Dorothee: Schattentheater. In: Fragen und Versuche. Zeitung der Pädagogik-Kooperativen, Heft 17, 1982, S. 9–11

Lutz, Edmund Johannes: Notizen über das Menschenschattenspiel. In: Jugendschriften-Warte, 14. Jahrgang, Nr. 2, Frankfurt/a. M. Februar 1962. S. 13/14 (Zuerst erschienen in: Das Spiel in der Schule, Heft 3, 1961, S. 131–133)

Meyer, Walter: Das Menschenschattenspiel. In: Amtmann 1966, S. 51–60

Meyer, Walter: Die Spielbewegung hinter der Schattenwand. In: Das Spiel in der Schule, Heft 3, 1965, S. 178–180

Meyer, Walter: Ein Menschenschattenspiel nach einer Erzählung von W. Bergengruen. In: Amtmann 1966, S. 156–161. Hierzu ist von Meyer ein Menschenschattenspiel «Der spanische Rosenstock» nach W. Bergengruen im Deutschen Theaterverlag (Weinheim/Bergstraße) erschienen.

Meyer, Walter: Unser erstes Menschenschattenspiel. In: Amtmann 1966, S. 150–156

Meyer, Walter: Unser Schattenspiel um die kleine Annabell. In: Das Spiel in der Schule, Heft 3, 1968, S. 145–148

Missionsprokur SJ (Hrsg.): Weltweit. Weihnachten 1982. Nürnberg 1982

Noto, Soeroto, Raden Mas / v. Veltheim-Ostrau, Hans-Hasso: Göttliches Schattenspiel. Stuttgart (Ogham Verlag) o. J.

Ohlendorf, Heinz: Das Schattenspiel. Ein Werkbuch für Schattenspieler. München (Christian Kaiser) und Potsdam (Ludwig Voggenreiter) 1935, sowie Voggenreiter (Potsdam), 2. Aufl. 1939

Paerl, Hetty: Schattenspiel und das Spielen mit Silhouetten. München (Heinrich Hugendubel) 1981

Penhouet, Olivier: Notre théâtre d'ombres. Bibliothèque de Travail Junior Nr. 198. 1981 (Coopérative de l'enseignement laïc. BP 66, F-06322 Cannes La Bocca Cedex) o

Petzold, H. G.: Integrative Therapie ist kreative Therapie. Düsseldorf (Fritz Perls Institut) 1975

Petzold, H. G.: Integrative Therapie. Paderborn 1984

Petzold, H. G.: Sterben und Kreativität. Paderborn 1985

Puritz, Ulrich: Körper – bewegte Bilder. Dialoge mit Pinsel und Körperschatten. Ein Werkstattseminar an der HdK Berlin. In: Kunst und Unterricht, Heft 93, 1985, S. 20/21 o

Pütz, Werner: Musikunterricht in der allgemeinbildenden Schule aus sozialpädagogischer Sicht. In: Finkel 1979, S. 193–199

Pütz, Werner: Musikunterricht in der Wissenschaftsschule. In: Musik und Kommunikation. Zeitschrift für Medienpädagogik und Medientherapie in der Praxis, Heft 1, 1978, S. 30–37

Raschke, Helga: Bewegung und Tanz mit dem Schattenbild. In: Sportpädagogik. Zeitschrift für Sport-, Spiel- und Bewegungserziehung, Heft 4, 1981, S. 34–38

Reinhardt, Friedrich: Schattenspiele für Kinder. Modelle mit Musik. München (Don Bosco) 1984

Reiniger, Lotte: Schattentheater. Schattenpuppen. Schattenfilm. Tübingen (texte) 1981

Renard, H.: Schattenpantomimen. In: Spiel, Heft 5/6 1960. S. 122–126

Robertus (Hrsg.): Das Buch der Pantomimen, Schattenspiele, Kartoffel-Komödien und lebenden Rebusse. Mühlhausen in Thür. (G. Danner) o. J., Wahrscheinlich aus dem ersten Viertel dieses Jahrhunderts

Roscher, Wolfgang (Hrsg.): Polyästhetische Erziehung. Köln (DuMont Schauberg) 1976

Schaefer, Gudrun: Rhythmik als integrative Musik- und Bewegungserziehung. In: Musik und Kommunikation. Zeitschrift für Medienpädagogik und Medientherapie in der Praxis, Heft 9, 1982, S. 9–13

Schell, Jonathan: Das Schicksal der Erde. Gefahr und Folgen eines Atomkriegs. München (R. Piper) 1982

Seidel, Günther: Die «Schattenschlagerparade». In: Amtmann 1966, S. 146–150

Seitz, Rudolf (Hrsg.): Spiele mit Licht und Schatten. München (Don Bosco) 1984

Spitzing, Günter: Das indonesische Schattenspiel. Bali – Java – Lombok. Köln (DuMont) 1981

Stracke, Theo. Der Autor veröffentlichte verschiedene Menschenschattenspiele im Deutschen Theaterverlag (Weinheim/Bergstraße). Das goldene Tor ist aufgetan. Das kleine Mädchen mit den Schwefelhölzern. Die Äpfelrache

Thomas, Claus: Beispiele pantomimischer, lumodynamischer und instrumentaler Kommunikationsspiele. In: Roscher 1976, S. 151–162 o

v. Veltheim-Ostrau, Hans-Hasso: s. Noto, Soereto

Wilpert, Clara B.: Schattentheater. Hamburg (Hamburgisches Museum für Völkerkunde) 1973

Wilpert, Gero von: Der verlorene Schatten. Varianten eines literarischen Motivs. Stuttgart (Alfred Kröner) 1978

Zwiener, Bruno: Das neue Schattenspiel im Freien. Leipzig o. J., wahrscheinlich erstes Viertel dieses Jahrhunderts

Weiterführende Literatur bei: Puppen & Masken, Eppsteiner Straße 22, D-6000 Frankfurt/M., Tel. 069 / 722083

Hinweise zur FREINET-Pädagogik

Baillet, Dietlinde: Freinet – praktisch. Mit Beispielen aus Grundschule und Sekundarstufe. Weinheim und Basel (Beltz) 1983

Fragen und Versuche. Zeitschrift der deutschen Freinet-Bewegung. Hrsg. Pädagogik-Kooperativen, 2800 Bremen, Körnerwall 8

Freinet, Célestin: Pädagogische Texte mit Beispielen aus der praktischen Arbeit nach Freinet. Reinbek (rororo Sachbuch 7364) 1980

Kasper, Josef (Hrsg.): Freies Schreiben – Sich frei schreiben. o. J. Erhältlich bei: Kaleidoskop. Flandersbach 47. 5603 Wülfrath

Laun, Roland: Freinet – 50 Jahre danach. Dokumente und Berichte aus drei französischen Grundschulklassen. Heidelberg 1982

Mit Kindern leben

Praktische Tips,
Ideen,
Hilfen für Alltag
und Freizeit
mit Kindern

Raimund Pousset (Hg.)
Der erste Urlaubskoffer
222 Ferienspiele: Rätselhaftes, Witziges, Spannendes und Kriminalistisches für jung und alt (7914)

I. Schmollinger-Bornmann/H. Bornemann
Kinder, Kresse, rote Rüben
Tips und Geschichten für Eltern mit Garten oder grünem Balkon (7818)

Beate Seeßlen-Hurler
Bunte Nudeln und Schokoquark
Erfolgsrezepte für Kinder aus der Bio-Küche (7858)

Horst Speichert
Süße Sachen
Ein Rezeptbuch für gesunde Naschereien (7481)

Autoren der Zeitschrift «spielen & lernen»
Toben, Turnen, Bewegen mit Kindern
Anregungen für zu Hause und den Kindergarten (7678)

Paul Walter
Ideen für Gruppenspiele
Für Feste und Freizeit (7459)

C 2181 / 1c